Sont-ils riches parce qu'ils sont intelligents ?

AUSSI DE JACK BARNES

LIVRES ET BROCHURES
Malcolm X, la libération des Noirs et la voie vers le pouvoir ouvrier (2010)
Cuba et la révolution américaine à venir (2008)
Le visage changeant de la politique aux États-Unis (2004)
Leur Trotsky et le nôtre (2004)
La classe ouvrière et la transformation de l'éducation (2000)
Le désordre mondial du capitalisme (2000)
Malcolm X parle aux jeunes (2011)

DES PAGES DE NOUVELLE INTERNATIONALE
L'héritage anti-ouvrier des Clinton : les racines de la crise financière mondiale de 2008 (2008)
Le long hiver chaud du capitalisme a commencé (2005)
Notre politique commence avec le monde (2005)
L'impérialisme US a perdu la guerre froide (1999)
Les premières salves de la troisième guerre mondiale (1991)
La politique de l'économie : Che Guevara et la continuité marxiste (1991) (en anglais et en espagnol)
La lutte pour un gouvernement des travailleurs et des agriculteurs aux États-Unis (1985) (en anglais)

RECUEILS ET INTRODUCTIONS
Rébellion Teamster / Dobbs (2010)
L'histoire du trotskysme américain / Cannon (2002)
La grève contre la compagnie aérienne Eastern / E. Mailhot (1991) (en anglais)
Le FBI en procès (1988) (en anglais)

Sont-ils riches parce qu'ils sont intelligents ?

CLASSE, PRIVILÈGE
ET APPRENTISSAGE SOUS
LE CAPITALISME

JACK BARNES

PATHFINDER
NEW YORK LONDRES MONTRÉAL SYDNEY

RÉDACTION : Steve Clark

Rédaction de l'édition en français : Michel Prairie

Copyright © 2016 Pathfinder Press
Tous droits réservés / All rights reserved

ISBN 978-1-60488-089-2
Numéro de contrôle de la Bibliothèque du Congrès / Library of Congress Control Number 2016945740

Imprimé aux États-Unis / Printed in the United States of America

CONCEPTION GRAPHIQUE DE LA PAGE COUVERTURE : Toni Gorton

PEINTURE DE LA COUVERTURE : *The Crowd* [La foule] / Crazy Fish

PATHFINDER
www.pathfinderpress.com
Courrier électronique : pathfinderpress@pathfinderpress.com

TABLE DES MATIÈRES

L'auteur 7

Introduction 9

Sont-ils riches parce qu'ils sont intelligents ?
La justification des privilèges de classe 23

La stratification de classe grandissante
et la « méritocratie éclairée » 49

Le capitalisme, la classe ouvrière
et la transformation de l'apprentissage 97

Index 117

L'AUTEUR

JACK BARNES est le secrétaire national du Parti socialiste des travailleurs (SWP). Il est membre du Comité national du parti depuis 1963 et un officier national depuis 1969. Il est un contributeur à la rédaction de la revue *Nouvelle Internationale*.

Barnes a adhéré à l'Alliance des jeunes socialistes (YSA) en décembre 1960, après être allé à Cuba en juillet et août de cette année-là. À son retour, il a aidé à organiser à l'université Carleton au Minnesota un des chapitres étudiants les plus grands et les plus actifs du comité *Fair Play for Cuba* [Fair-play pour Cuba]. En mai 1961, il est devenu membre du Parti socialiste des travailleurs.

Barnes a été un dirigeant central de la campagne victorieuse de quatre ans pour défendre trois membres de l'Alliance des jeunes socialistes à Bloomington, en Indiana, accusés en mai 1963 de « s'assembler » afin de promouvoir le renversement de l'État d'Indiana par la force et la violence. À ce moment, il était l'organisateur de la branche de Chicago du SWP et l'organisateur de la YSA dans le Midwest. En 1965, Jack Barnes a été élu président national de la YSA et il est devenu directeur du travail du SWP et de la YSA pour faire avancer le mouvement contre la guerre au Viêt-nam. En janvier de cette année-là, il a deux fois rencontré Malcolm X pour une entrevue publiée dans la revue *Young Socialist*.

Depuis le milieu des années 1970, Jack Barnes a dirigé les efforts du Parti socialiste des travailleurs, et oeuvré avec d'autres dans le monde, pour construire des partis communistes dont la grande majorité des membres et dirigeants sont des travailleurs industriels et des syndicalistes activement impliqués dans un travail politique large — un travail qui progresse le long de la voie conduisant au pouvoir ouvrier qui mettra fin à la dictature du capital.

De nombreux articles et recueils des discours et écrits de Barnes, dont certains sont énumérés au début de ce livre, documentent ce cours politique visant à construire des partis qui sont prolétariens autant dans leur programme que par leur composition.

Introduction

« La lutte pour le pouvoir ouvrier — et la transformation des relations de propriété essentielle pour initier la transition au socialisme — ne sont possibles que lorsque nous, les travailleurs, nous commençons à nous transformer et à transformer nos attitudes envers la vie, le travail et chacun d'entre nous. À ce moment seulement apprendrons-nous ce que nous sommes capables de devenir. »

JACK BARNES

LORS D'UNE INTERVIEW radiophonique en décembre 2015, le président Barack Obama a répondu à une question lui demandant pourquoi des dizaines de milliers de travailleurs assistaient aux rassemblements du candidat présidentiel Donald Trump : « Les hommes qui sont des cols bleus ont éprouvé beaucoup de difficultés dans cette nouvelle économie, où ils ne reçoivent plus la même aubaine que lorsqu'ils allaient dans une usine et soutenaient leurs familles avec un seul salaire.

« Vous combinez ces faits, a-t-il ajouté, et cela signifie qu'il y aura possiblement de la colère, de la frustration et de la peur — en partie justifiées, mais mal orientées. »

Ce n'est que dans un passé imaginaire que les travailleurs d'usine aux États-Unis ont eu droit à une « aubaine ». Ils ont résisté aux traitements abusifs en milieu de travail et ils ne cesseront pas de le faire. Ils se sont regroupés toujours plus largement pour mettre sur pied des syndicats, mener des grèves contre les employeurs et le gouvernement, et gagner ce qu'ils étaient assez forts pour obtenir sans s'organiser sur le plan politique indépendamment des partis des patrons.

Toutefois, ce qui est le plus remarquable dans les paroles de Barack Obama, ce n'est pas son ton condescendant envers « les hommes qui sont des cols bleus. » C'est la *peur* qui existe aux plus hauts niveaux du gouvernement (et parmi les couches « professionnelles » bien rémunérées) de ce qui est en train de se développer chez les travailleurs des villes, des villages et de la campagne. C'est la peur qui ébranle les deux partis des familles dirigeantes capitalistes.

« On est loin d'avoir suffisamment blâmé les principaux responsables de la montée [de Donald Trump] : ses électeurs, » écrit le chroniqueur libéral du *Washington Post* Charles Lane. Ces travailleurs, dit-il, veulent « faire voler le système en pièce et l'envoyer au diable. »

Écrivant dans le bastion de l'aile conservatrice de cette alliance anti-ouvrière, le chroniqueur du *National Review* Kevin Williamson dénonce de manière plus explicite et crue « la dysfonction de la classe ouvrière blanche. » Ces « communautés de bas niveau [...] méritent de mourir, dit-il. Sur le plan économique, ce sont des valeurs négatives. Sur le plan moral, elles sont indéfendables. [...] La classe inférieure blanche américaine est l'esclave d'une culture égoïste et sans pitié, dont les principaux produits sont la misère et les seringues d'héroïne usées. Les discours de Donald Trump la rendent heureuse. Tout comme le fait l'OxyContin. » Nous vivons la pire crise des partis capitalistes qu'aucune personne lisant les pages de ce livre n'a connue dans sa vie. En fait, le désarroi est plus grand au sein du Parti démocrate que dans le Parti républicain. Les millions de personnes qui ont répondu à l'appel de Bernie Sanders en ressuscitant le mouvement « Occupons Wall Street » dans une tenue électorale bourgeoise constituent un obstacle imprévu au sacre d'Hillary Clinton comme candidate démocrate en 2016 — et à son élection si elle obtient l'investiture.

Mais ce qui émerge de l'élection présidentielle de 2016 n'est ni inattendu ni inexplicable. Ses origines remontent à plusieurs décennies. Si vous désirez le comprendre, il n'y a pas de meilleur endroit où commencer que ce livre.

Sont-ils riches parce qu'ils sont intelligents ? Classe, privilège et apprentissage sous le capitalisme contient trois articles de Jack Barnes, secrétaire national du Parti socialiste des travailleurs (SWP), tirés de conférences et de rapports qu'il a présentés devant de grandes audiences publiques entre 1995 et 2009. Le texte prend en considération et incorpore directement des statistiques plus récentes et des événements ultérieurs qui éclairent les contradictions économiques et sociales qui sous-tendent la turbulence politique d'aujourd'hui. Cette façon de faire épargne au lecteur d'être distrait par de multiples notes en bas de page et du matériel ajouté entre parenthèses. Les articles originaux sont disponibles dans les livres indiqués dans les paragraphes de présentation de chacun des articles.

Le désordre croissant du système capitaliste mondial se développe avec des sauts et des sursauts depuis quarante ans, soit depuis la récession mondiale de 1974-1975, les flambées inflationnistes alimentées par la guerre du Viêtnam, et les crises de l'« énergie » de l'époque. Ces chocs ont préparé le terrain pour le krach de Wall Street en 1987. Comme les animaux nerveux qui sentent venir un tremblement de terre, ce dernier a annoncé les effets cumulatifs de la chute des taux de profit des capitalistes et de la contraction des taux d'investissement dans l'expansion de la capacité productive des usines, des équipements et de l'emploi.

Dans le but de repousser un effondrement fracassant, les familles dirigeantes US et leurs rivales ont eu recours à une orgie renouvelée d'endettement, mais à l'échelle mondiale cette fois-ci et de manière encore plus gigantesque que la manne de prêts des années 1980. Elles se sont battues avec ténacité pour baisser les salaires, accroître l'armée de réserve de la main-d'oeuvre sans emploi, intensifier les cadences de travail au mépris de la vie et de l'intégrité physique, et faire de nouveaux progrès pour affaiblir les syndicats. Elles ont fait tout ce qui était possible pour alimenter la concurrence et les conflits entre les travailleurs. Les employeurs espèrent créer les conditions nécessaires pour relancer une nouvelle vague d'accumulation du capital et d'expansion soutenue de la production et du commerce, et d'y arriver avant d'avoir à affronter une remise en question grandissante de leur système d'exploitation inhumain par la classe ouvrière et le mouvement syndical.

Ce livre paraît pendant la huitième année de ce que Washington décrit comme une « reprise économique. » Pour les travailleurs aux États-Unis, aussi bien dans les grandes villes que dans les régions agricoles, cette « reprise » a été marquée par l'augmentation des loyers et des saisies de maisons, la *chute* du revenu médian des ménages et des creux historiques dans le pourcentage de travailleurs qui ont véritablement un emploi, quoi qu'en disent les statistiques générales du gouvernement sur le chômage. Les taux d'intérêt sont à leurs plus bas niveaux de l'histoire du monde impérialiste. Aux États-Unis, les taux à court terme frisent le zéro, année après année. Dans certaines parties de l'Europe capitaliste et au Japon, les taux d'intérêts sont entrés en territoire négatif, ce qui constitue une taxe sur la bourgeoisie imposée par le capital financier dans le but illusoire de relancer la croissance d'une façon ou d'une autre. Pour la classe ouvrière et les classes moyennes inférieures, les taux d'intérêt nuls et négatifs sont *tous les deux* une taxe ruineuse imposée à ceux qui dépendent d'une pension de retraite ou d'un compte d'« épargne » pour joindre les deux bouts.

En bref, le capitalisme est fermement engagé dans une dépression mondiale qui se développe à petit feu.

De plus, les dirigeants US se sont lancés dans des guerres et des opérations militaires incessantes depuis le tournant du millénaire, sans parler de la sanglante guerre du Golfe de 1991 et de la première guerre en sol européen depuis la deuxième guerre mondiale dans l'ancienne Yougoslavie pendant les administrations de George H. W. Bush et de Bill Clinton. Seulement depuis le 11 septembre 2001, les présidences du républicain George W. Bush et du démocrate Barack Obama ont mené des guerres ou effectué des frappes aériennes, des bombardements, des attaques de drones et des opérations de forces spéciales en Irak, en Afghanistan, au Pakistan, en Libye, au Yémen, en Syrie et ailleurs.

Depuis 2001, des centaines de milliers de travailleurs et de paysans ont été tués ou mutilés dans ces pays par toutes les parties impliquées dans ces conflits militaires et des millions sont sans abri, affamés et dépossédés. Près de 7 000 soldats US sont morts et plus de 52 000 ont été blessés — de manière disproportionnée de jeunes hommes et femmes des zones rurales et des quartiers ouvriers urbains, qui ont fait face à une négligence scandaleuse à leur retour.

Tout ce qui précède fait partie des raisons qui poussent autant de travailleurs à aller écouter et à voter pour Donald Trump. Et il explique en grande partie pourquoi d'autres travailleurs, même si moins nombreux, sont également prêts à écouter Bernie Sanders.

Contrairement à ce que propagent avec insistance les médias bourgeois, cette crise des partis capitalistes n'a rien à voir avec une montée inexistante du racisme au sein d'une « classe ouvrière blanche » inexistante. Il y a *une classe ouvrière* aux États-Unis. Entre autres choses, ces travailleurs sont noirs, latinos, asiatiques, africains et (pour l'instant et les décennies à venir) une majorité d'entre eux sont caucasiens. Ils sont aussi de plus en plus de race mixte. Le racisme et les actes racistes ont été *repoussés* à la suite des gains remportés dans la lutte pour les droits des Noirs, une lutte de masse basée dans le prolétariat, y compris parmi un nombre croissant de travailleurs et de travailleuses de différentes couleurs de peau, langues maternelles et origines nationales qui travaillent côte à côte chaque jour dans les usines et autres lieux de travail.

« Je n'ai jamais voté et je ne suis pas ici pour représenter le Parti républicain. Très franchement, je me fous des républicains, » a dit l'ancien entraîneur de basket-ball Bobby Knight sous les acclamations tumultueuses d'une foule de quelque 12 000 personnes quand il a présenté Donald Trump lors d'un rassemblement tenu le 28 avril à Evansville, en Indiana. « Je me fous également des démocrates. »

Au moins avec ce double « je me fous, » Bobby Knight fait écho aux sentiments de millions de travailleurs et de membres des classes moyennes les plus mal loties à travers les États-Unis, un chiffre qui augmente.

◆

Sont-ils riches parce qu'ils sont intelligents ? met en lumière les inégalités de classe croissantes aux États-Unis, en particulier l'expansion relativement récente et accélérée d'une couche à revenus élevés de professionnels et de membres d'une classe moyenne supérieure au sein de la société capitaliste américaine.

Cette « méritocratie éclairée » autoproclamée » — qui se compte par millions, voir dizaines de millions de personnes selon l'auteur — se compose massivement de gens qui « poursuivent des carrières dans les universités, les médias, les « instituts de recherche, » [ainsi que] de cadres, fonctionnaires ou avocats à hauts salaires oeuvrant dans des fondations, « groupes de pression, » ONG, organismes de bienfaisance et autres institutions « sans but lucratif. »

Elle est déterminée « à duper le monde pour lui faire accepter le mythe que l'avancement économique et social de ses membres est une juste récompense pour leur intelligence, leur éducation et les « services » qu'ils rendent. Ses membres croient vraiment que leur « brillance », leur « vivacité », leur « contribution à la vie publique » […] leur donnent le droit de prendre des décisions, d'administrer et de « réglementer » la société pour la bourgeoisie — au nom de ce qu'ils prétendent être les intérêts du « peuple » — un « nous » imaginaire et sans classes.

Au cours de la seule dernière semaine de préparation de ce livre pour l'imprimerie, deux articles, l'un dans le quotidien libéral *Washington Post* et l'autre dans le conservateur *Wall Street Journal,* ont parfaitement illustré les attitudes de classe, ouvertes ou tacites, de nombreux membres de cette couche méritocratique.

« Jamais autant de gens avec si peu de connaissances n'ont pris tant de décisions de grande importance pour le reste d'entre nous, » a écrit David Harsanyi le 20 mai dans une chronique du *Post* intitulée « Nous devons exclure de l'électorat les Américains ignorants. »

Puis, deux jours plus tard dans le *Journal*, Andy Kessler a écrit : « Contrairement à ce que nous font croire des films d'Hollywood, le capitalisme n'est pas basé sur la cupidité. C'est un système qui sépare les idées stupides de celles qui sont intelligentes. » Il aurait été politiquement maladroit pour Kessler de dire clairement que c'est un système qui « sépare les *gens* stupides des *gens* intelligents, » mais aussi bien les gens « stupides » qu'« intelligents » sont capables de lire.

Comme le souligne Jack Barnes, cette couche sociale joue un rôle particulier dans la gestion de l'un des changements marquant l'évolution de l'État impérialiste US depuis les dernières décennies du vingtième siècle : la centralisation des pouvoirs, initialement réservés dans la Constitution des États-Unis à la branche législative du gouvernement (la Chambre des représentants, le Sénat et leurs correspondants au niveau des États), dans les mains d'une branche exécutive de plus en plus dominante (la Maison-Blanche et son nombre croissant d'« administrateurs » et d'agences de « réglementation ».)

Il est impossible pour la classe ouvrière de prendre le pouvoir, d'entreprendre l'expropriation révolutionnaire des familles dirigeantes possédantes et d'initier la transition vers le socialisme par le biais d'élections ou de lois. Mais la concentration croissante du pouvoir dans les mains de la présidence, y compris le pouvoir de fait de déclarer la guerre et de contourner la législation et le débat à coup de décrets, est dangereuse pour les intérêts des travailleurs, des agriculteurs et du mouvement ouvrier. Il s'agit en bout de ligne d'une menace bonapartiste.

Aujourd'hui, il y a même à la Maison-Blanche une Agence de l'information et des affaires réglementaires établie par décret en 1993 pendant l'administration Clinton. Le directeur de l'agence pendant le premier mandat de Barack Obama, Cass Sunstein, a inventé un terme pour cette aspiration des méritocrates de la classe moyenne à gérer et réglementer la vie des « masses incultes, » auxquelles on ne peut faire confiance pour savoir ce qui est dans notre propre intérêt. Il l'a fait dans un livre intitulé *Nudge: Improving Decisions about Health, Wealth, and Happiness* [Un petit coup de coude : l'élan nécessaire pour prendre les meilleures décisions sur la santé, la richesse et le bonheur] (autrement dit, nous amener à faire ce qu'ils croient être « le mieux pour nous, » sans que nous ayons un mot à dire ou que nous réalisions qu'ils essaient de nous manipuler.)

Bien sûr, l'ampleur réelle de l'expansion de l'État impérialiste est beaucoup plus considérable et envahissante de la vie des travailleurs que de simples « petits coups de coude. » Selon les propres chiffres de Washington, il y a environ 510 départements et organismes fédéraux aujourd'hui, dont aucun n'est élu et dont les prises de décision ne sont jamais diffusées à la chaîne de télévision parlementaire CSPAN ou ailleurs.

De plus, sous couvert de « sécurité nationale » et de « lutte contre le terrorisme » (et aujourd'hui avec l'appui considérable de la technologie des « médias sociaux »), les tentacules de la surveillance policière au niveau fédéral, des États et des municipalités ont de plus en plus pénétré tous les aspects de nos vies et érodé les droits gagnés de haute lutte qui nous protègent *contre* l'État. Cet espionnage massif est devenu un symbole, un symbole *détesté*, de l'Amérique impérialiste à travers le monde.

◆

Il n'y a pas encore de montée d'un mouvement social ouvrier aux États-Unis en réponse aux attaques contre nos salaires, conditions de vie et droits politiques. Mais au cours des dernières années, des membres des Métallos, du Syndicat des communications d'Amérique, des Teamsters, d'organisations de travailleurs agricoles et d'autres syndicats ont mené des grèves et résisté à des lock-out. Les employés de restauration rapide et d'autres travailleurs peu rémunérés exigent un salaire horaire minimum de 15 $.

Des dizaines de milliers de personnes sont descendues dans les rues pour protester contre la brutalité et les meurtres commis par la police et ont exigé l'arrestation et la poursuite des policiers responsables. Les travailleurs et leurs familles élèvent la voix contre l'immense système carcéral aux États-Unis, avec ses sentences draconiennes, ses isolements cellulaires brutaux et ses atrocités officielles. Les travailleurs immigrés et leurs partisans se sont organisés pour dénoncer les déportations, les persécutions à l'aide du système *E-Verify* et d'autres ignominies. Les attaques croissantes contre le droit des femmes à choisir l'avortement continuent à susciter des protestations.

Mais par-dessus tout, il y a une confiance et une ouverture croissantes parmi les travailleurs de tous les États-Unis pour discuter et débattre de questions sociales et politiques plus larges, y compris l'importance pour la classe ouvrière de syndiquer les travailleurs non syndiqués et de reconstruire nos syndicats comme des instruments de solidarité et de lutte.

Ces opportunités politiques ne sont pas une impression ressentie de l'extérieur de la classe ouvrière. Elles sont la conclusion pratique de cinq ans d'efforts déployés par les membres et les partisans du Parti socialiste des travailleurs en faisant du porte-à-porte dans une grande variété de quartiers ouvriers à travers le pays pour discuter et échanger leurs expériences et points de vue avec d'autres travailleurs.

Que ce soit dans un vestibule, à la porte d'un appartement, sur une ligne de piquetage, à une protestation sociale ou encore au travail, ces discussions ne portent jamais simplement sur des « questions d'actualité », ni même sur des sujets politiques de grande importance pour la classe ouvrière. Elles portent sur la marche à suivre. Elles portent sur ce que Jack Barnes a décrit dans le dernier article de ce livre comme étant « la préparation de la classe ouvrière à la plus grande de toutes les batailles dans les années qui viennent : la bataille pour nous débarrasser de l'image de nous-mêmes que les dirigeants nous enseignent et pour comprendre que nous sommes capables de prendre le pouvoir et d'organiser la société. »

Voilà la conclusion qui est décisive pour les travailleurs partout aujourd'hui. Celle d'agir à partir de la nécessité pour les travailleurs, à mesure que nous acquérons de la confiance et de l'expérience en luttant les uns aux côtés des autres, de nous éveiller à notre humanité, à nos capacités et aux traditions que notre classe a forgées pendant bien plus d'un siècle et demi de luttes, ce qui comprend des batailles révolutionnaires et des victoires. Celle d'« élargir nos horizons » pour découvrir notre « propre valeur », ainsi que Malcolm X l'a toujours expliqué.

« Apprendre comme l'expérience de toute une vie, » ainsi que le formule l'auteur dans ces pages : quelle meilleure raison pour faire une révolution socialiste ? « Quelle meilleure raison pour se débarrasser de l'État capitaliste et utiliser l'État des travailleurs pour commencer à transformer l'humanité, pour commencer à forger la solidarité humaine ? Et nous avons l'exemple vivant de la révolution cubaine pour montrer comment il est possible de nous engager dans cette voie. »

Voilà les enjeux dont parle *Sont-ils riches parce qu'ils sont intelligents ? Classe, privilège et apprentissage sous le capitalisme*.

Steve Clark
LE 30 MAI 2016

**Sont-ils riches
parce qu'ils sont intelligents ?
La justification
des privilèges de classe**

« Le scandale de *The Bell Curve* [La courbe en cloche] dans l'opinion publique bourgeoise est sa défense ouverte des inégalités et privilèges de classe. C'est une justification de la convergence anti-ouvrière des deux partis en matière de politiques économiques et sociales. »

SARA LOBMAN/THE MILITANT

« Certains dans la classe dirigeante commencent à voir ce qui vient alors qu'ils font pression toujours plus durement sur les travailleurs. Ils savent ce qui se passe quand un nombre croissant de batailles ouvrières et sociales commencent à se chevaucher. »

En haut. Charleston, Virginie occidentale, mars 2015. Ralliement syndical devant le Capitole de l'État pour protester contre les conditions de travail dangereuses, des lois antisyndicales, les coupures dans le financement des écoles et les bas salaires. En première ligne, des travailleurs de raffinerie en grève contre Marathon Oil à Catlettsburg au Kentucky.

En médaillon. Page couverture du livre *The Bell Curve*.

Sont-ils riches parce qu'ils sont intelligents ? La justification des privilèges de classe

DAVID ROSENFELD : Vous aviez des choses à dire plus tôt aujourd'hui sur les économistes de Yale. Je me demande quelle est votre opinion sur les professeurs de Harvard qui ont récemment publié *The Bell Curve* [La courbe en cloche]. Je m'intéresse surtout à savoir pourquoi *The Bell Curve* a provoqué un tel débat dans les médias. Pourquoi, semble-t-il, voit-on tous les dix ans environ cette théorie de la supériorité intellectuelle ou de la supériorité raciale génétiquement déterminée régurgitée, débattue et démentie, pour la voir ensuite réapparaître sous une autre forme ?

L'échange qui suit a eu lieu pendant la période de discussion qui a suivi une présentation de Jack Barnes faite le 31 décembre 1994 dans le cadre d'une conférence de formation socialiste tenue à Los Angeles et parrainée conjointement par le Parti socialiste des travailleurs et les Jeunes socialistes. Les délégués du trente-huitième congrès national du SWP, tenu du 8 au 12 juillet 1995 à Oberlin en Ohio, ont discuté et adopté un rapport de Barnes basé sur les présentations d'ouverture et de conclusion de cette conférence régionale d'une fin de semaine. Ces présentations ont été publiées sous le titre « Si loin de Dieu, si près du comté d'Orange : le boulet déflationniste du capital financier » dans le recueil *Le désordre mondial du capitalisme*, Pathfinder, 2000.

Et dans *The Bell Curve*, la forme n'est même pas si différente du passé. Alors pourquoi semble-t-elle si bien résister au temps [1] ?

JACK BARNES : Si je me rappelle bien, je crois qu'un seul des auteurs — Richard Herrnstein — était professeur à Harvard ; il est mort peu avant la publication du livre en septembre. Charles Murray est diplômé d'Harvard. Il est présentement employé par l'un des groupes de réflexion républicains de Washington — l'American Enterprise Institute.

J'ai lu environ 450 pages de *The Bell Curve*, dont les tout derniers chapitres, et je n'ai pas l'intention d'en lire plus. Oui, il y a en a encore beaucoup plus.

Le débat à répétition que vous avez évoqué porte sur une question politique, pas sur une question scientifique. Le débat ne porte pas sur la courbe en cloche, ni sur le concept statistique, ni sur ce nouveau livre du même nom. Ce qui est en jeu, c'est une tentative de défendre la richesse et les privilèges de classe d'une couche sociale appelée « méritocratique » — l'« élite cognitive » est l'euphémisme choisi par Murray et Herrnstein.

Je m'attendais à ce qu'une question sur le livre soit posée dans la discussion ici, j'ai donc apporté mon exemplaire avec moi. Permettez-moi de vous lire les premières phrases de l'avant-dernier chapitre, intitulé « La direction où nous allons. »

« Dans ce pénultième chapitre » — Herrnstein et Murray auraient pu écrire « avant-dernier », mais il leur fallait justifier le fait que leurs parents ont dépensé des dizaines de milliers de dollars pour les envoyer à Harvard — « Dans ce

---

1. Richard Herrnstein et Charles Murray, *The Bell Curve: Intelligence and Class Structure in American Life*, New York, The Free Press, 1994.

pénultième chapitre, nous nous penchons sur l'impact qu'a la stratification cognitive sur la vie et le gouvernement américains. Prédire l'avenir de la société est risqué, mais certaines tendances semblent suffisamment fortes pour qu'on s'en inquiète. »

« Ce qui est en jeu, c'est une tentative de défendre la richesse et les privilèges de classe d'une couche sociale appelée « méritocratique » — l'« élite cognitive » est l'euphémisme choisi par Murray et Herrnstein. [...] Le livre porte bien plus sur les classes sociales que sur les races. »

« Qu'on s'en inquiète » — voilà un langage intéressant pour ce qui est censé être une étude scientifique. Les auteurs poursuivent en dressant la liste de ces tendances « inquiétantes » :

« Une élite cognitive de plus en plus isolée.

« Une fusion de l'élite cognitive avec les riches.

« Une qualité de vie qui se détériore pour les gens situés à l'extrémité inférieure de la distribution de la capacité cognitive. »

Voilà donc le premier paragraphe du pénultième chapitre. Maintenant, disons-le autrement :

Nous sommes riches, surtout de nouveaux riches. Nous sommes riches parce que nous sommes intelligents. Vous pouvez savoir que nous sommes intelligents parce que nous sommes riches. Parce que nous sommes intelligents et riches, nos enfants sont intelligents et seront riches aussi. Mais il y a beaucoup de gens qui ne deviennent pas riches et ils ne semblent pas accepter le fait que c'est simplement parce que leurs ancêtres étaient idiots. Les libéraux — ceux qui sont riches et ceux qui ne le sont pas — le savent et s'en accommodent, mais ils sont gênés de le dire. Mais la plupart des gens pensent à tort qu'il y a un lien quelconque entre ce que nous, gens intelligents, faisons pour nous enrichir et leur propre qualité de vie qui se dégrade. En ce sens, nous devenons de plus en plus isolés et quelque peu préoccupés par l'idée que quelqu'un veuille nous enlever nos privilèges. Mais nous voulons prendre plaisir à être riches. Il n'y a aucune raison de nous sentir coupables de ça. Nous sommes riches parce que nous sommes intelligents.

Voilà en gros le fin mot de l'affaire.

Le livre se termine ensuite sur quelques propositions sur ce qu'il faut faire avec nous tous qui nous nous trouvons « à l'extrémité inférieure de la distribution de la capacité cognitive. » Si nous pouvons, dit le livre, « regarder en face la réalité de la classe inférieure, » nous pouvons alors offrir « l'opportunité à chacun, et pas seulement aux chanceux, de vivre une vie satisfaisante. » Autrement dit, vous pouvez apprendre à accepter d'être idiots (ou faire semblant de l'accepter). Et vous pouvez apprendre à aimer être pauvres (ou faire semblant d'aimer l'être.)

Mais ceci n'est possible, dit le livre, que si le gouvernement capitaliste et le patronat se débarrassent de tous les sous-produits des luttes ouvrières que les dirigeants ont eus à concéder au cours des décennies et qui empêchent de « regarder en face la réalité de la classe inférieure. » Ces sous-produits comprennent le salaire minimum, l'action affirmative, l'extension des protections de la Sécurité sociale, les allocations sociales, et des subventions accrues pour l'éducation préscolaire, les soins aux enfants et l'école publique.

(« Pour bien des gens, rien de ce qu'ils peuvent apprendre ne peut rembourser le coût de l'enseignement. » C'est ma phrase préférée du livre.) Le livre est un rabâchage d'opinions discréditées, mais pas principalement scientifique ou pseudo-scientifiques sur le QI, la génétique, etc. Il y a un peu de ça aussi, mais ce n'est pas le point principal. Le livre a pour sous-titre : « Intelligence et structure de classe dans la vie américaine. » Voilà sur quoi il porte. Il porte avant tout sur les *classes sociales*, bien plus que sur les races. Il porte sur la peur qu'il n'est pas possible de tromper la majorité à jamais — ni la policer « à bon compte. »

The Bell Curve est un réchauffé — pas explicitement, ni même consciemment, mais en réalité — d'opinions présentées dans les années 1930 par un homme nommé Bruno Rizzi dans un livre intitulé *La bureaucratisation du monde*. James Burnham a commencé à développer des opinions semblables dans les années 1940. Burnham avait été une figure importante dans le Parti ouvrier américain [American Workers Party] au milieu des années 1930 et il est devenu un membre de notre Comité national à la suite d'une fusion entre l'AWP et la Ligue communiste, une organisation qui a précédé le Parti socialiste des travailleurs. À la fin de la décennie, il était devenu un dirigeant de courants petits-bourgeois dans le SWP qui ont plié sous les pressions patriotiques et rompu avec le communisme au cours de l'escalade qui a conduit à l'entrée des États-Unis dans la deuxième guerre mondiale. Lorsqu'ils n'ont pu gagner le parti à leurs vues et au cours qu'ils proposaient, ces courants ont fait scission du SWP en 1940.

Burnham a développé sa position jusqu'à sa conclusion logique en 1941, dans un livre intitulé [en français]

L'ère des organisateurs [*The Managerial Revolution*, littéralement « La révolution des gestionnaires »]. Il y soutient que le monde entier — aussi bien le capital financier US du « New Deal / War Deal » des démocrates, que le Reich nazi cherchant à sauver et exalter l'impérialisme allemand et que la caste sociale dominante en Union soviétique (la « méritocratie » du régime stalinien) — convergeait vers des relations sociales où des « élites » gestionnaires et des bureaucrates non élus gouvernaient et prenaient toutes les décisions afin de pacifier et régenter les masses. Burnham est devenu par la suite un des rédacteurs et écrivains fondateurs de la revue *National Review* de William Buckley. D'autres — partisans en vue du « New Deal », etc. — ont aussi présenté leurs propres versions de la « révolution des gestionnaires. »

Tous ces écrivains font la même chose. Ils projettent leurs propres professions privilégiées comme une force qui organise le monde et s'en servent pour justifier des revenus bien au-dessus de ceux des travailleurs. Et en même temps, ils éprouvent un vif ressentiment à l'égard de la bourgeoisie et craignent une trop grande démocratie.

Notre mouvement a une expérience de plusieurs décennies de réponse à ces idées. Par exemple, le dirigeant communiste Léon Trotsky a discuté les implications politiques de celles-ci en 1939 et 1940 dans les articles et lettres rassemblés dans *Défense du marxisme*. Le livre est publié par les éditions Pathfinder en anglais et en espagnol. Vous pouvez vous en procurer un exemplaire sur la table de littérature à l'arrière de la salle.

Selon Murray et Herrnstein, le capitalisme avait accompli une chose merveilleuse dans les premières années du vingtième siècle. Aux États-Unis, ça se serait même passé un peu plus tôt. Jusque-là et pendant des siècles, richesses et positions sociales avaient été transmises d'une génération à l'autre par le biais d'une structure de classe rigide — par le biais d'élites aristocratiques. Ceux qui faisaient partie des classes dirigeantes — à partir des rois et reines en descendant — étaient souvent peu intelligents, notoirement paresseux, et débauchés.

Mais avec le capitalisme est arrivée « la carrière ouverte au talent. » N'importe qui, disent-ils, de toute origine de classe, nationalité ou couleur de peau, pouvait maintenant se hisser à des positions de pouvoir politique et de confort matériel — sur la base du mérite, de l'intelligence, du dur labeur et de la vertu morale.

Aujourd'hui, ajoutent-ils, quelque chose de plus se passe cependant à mesure qu'augmente le niveau de la technologie capitaliste et des progrès de l'informatisation. L'intelligence et la compétence requises pour faire marcher la société moderne concentrent inévitablement la richesse et le pouvoir et ces derniers aboutissent de plus en plus dans les mains d'une couche sociale de professionnels, de technocrates, de gestionnaires et d'universitaires de classe moyenne — des gens, comme par hasard, qui leur ressemblent pas mal. Herrnstein et Murray appellent cette couche sociale « l'élite cognitive. » (Ils auraient pu utiliser des termes comme « l'intelligentsia » — ou, dans le cas de sa composante africaine-américaine, « le dixième talentueux » [the talented tenth] — mais ils auraient été trop transparents.) Il n'y a rien qui puisse ou doive être fait à ce sujet. C'est comme ça que ça se passe, et doit se passer, étant donné la technologie moderne.

« Alors, c'est quoi le problème ? » demandent Herrnstein et Murray. « Des millions de gens ont bénéficié de ces changements — dont nous. Préférerions-nous une moins grande méritocratie ? Posé de cette façon, non. » Mais les auteurs poursuivent :

> Ce qui nous préoccupe d'abord à propos de l'élite cognitive émergeante, c'est sa coalescence en une classe qui voit de plus en plus la société américaine à travers ses propres lunettes. [...]
> [Ses membres] sont probablement allés au même genre d'écoles, vivent probablement dans des quartiers semblables, vont probablement au même genre de théâtres et restaurants, lisent probablement les mêmes revues et journaux, regardent probablement les mêmes émissions de télévision, vont probablement jusqu'à conduire les mêmes marques d'autos.

Et les conséquences sociales et politiques de cette tendance, disent Herrnstein et Murray, menacent de s'étendre aux États-Unis au-delà des Américains africains à ce qu'ils appellent une « classe inférieure blanche en émergence. » Ils écrivent :

> La matière inflammable favorisant la formation d'une communauté de classe inférieure, ce sont des femmes célibataires de faible intelligence donnant naissance à un grand nombre d'enfants. [...] Dans le passé, les blancs n'ont pas eu de classe inférieure à proprement parler, parce que les blancs qui auraient pu répondre à ces conditions étaient trop éparpillés au sein de la classe ouvrière. [...]
> Une classe inférieure a besoin d'une masse critique pour se former et l'Amérique blanche

n'en avait pas. Mais si le taux de naissances illégitimes parmi les blancs est de 22 pour cent — probablement autour de 40 pour cent dans les communautés à faibles revenus — et augmente rapidement, la question se pose : à quel point atteint-on la masse critique ?

Voilà pourquoi *The Bell Curve* a provoqué un certain scandale dans l'opinion publique bourgeoise — dans tout l'éventail politique, mais surtout parmi les libéraux. Au fond, la fureur ne vient pas d'abord de ce que le livre dit sur les races. Le scandale, c'est sa franche autojustification des inégalités et privilèges de classe qui profitent à une couche grandissante de la classe moyenne supérieure et sa justification de la convergence anti-ouvrière des deux partis en matière de politiques économiques et sociales.

Admettez-le, disent Murray et Herrnstein aux libéraux petits-bourgeois, n'est-ce pas ce que nous pensons vraiment tous, dans cette couche sociale privilégiée ? N'est-ce pas ainsi que nous agissons vraiment tous ? N'est-ce pas pour cette raison que nous habitons tous là où nous habitons ? N'est-ce pas pour cette raison que de plus en plus d'entre nous envoyons nos enfants à l'école privée ? N'est-ce pas pour cette raison que nous embauchons des flics privés pour patrouiller 24 heures sur 24 nos quartiers résidentiels protégés ? Ne vous sentez pas coupables. Nous sommes riches parce que nous méritons d'être riches.

En fait, dans le chapitre que je viens de décrire, Murray et Herrnstein disent franchement qu'au cours des « administrations de [George H. W.] Bush et [William] Clinton, les vieilles lignes de partage ont commencé à s'estomper » entre libéraux et conservateurs. Ils opposent dans *The Bell*

Curve « l'élite cognitive » à ceux qui « ne sont pas très intelligents. » Le secrétaire d'État au Travail Robert Reich, le libéral de service de Clinton, parle dans son livre *The Work of Nations* [Le travail des nations], des « analystes symboliques » en haut de l'échelle des revenus, qu'il oppose aux « serveurs » et aux « producteurs de routine » qui composent la majorité de la population.

C'est aussi pour cette raison qu'une couche de politiciens bourgeois de droite comme Patrick Buchanan ont dit non à *The Bell Curve* (et à *The Work of Nations*). Murray, Herrnstein et Reich font l'éloge des « élites » que les gens de la droite raillent. « Je crois que l'Amérique est une terre d'opportunité où depuis des générations des étudiants cotés B et des étudiants cotés C ont fait travailler pour eux des étudiants cotés A, » a dit Buchanan en réponse à *The Bell Curve*. « Aux États-Unis, ce n'est pas le QI qui détermine le destin. C'est le caractère, le courage, l'ambition, l'énergie, la personnalité — toutes ces choses. »

Voilà le genre de démagogie que Buchanan adresse à des sections de la classe moyenne, et à des couches réceptives et désorientées de la classe ouvrière, qui subissent une pression économique croissante sous l'impact de l'étau déflationniste du capitalisme. Mais cette démagogie est plus proche de la réalité, et plus proche de la réaction viscérale de millions de personnes, que *The Bell Curve*. Voilà pourquoi Buchanan reçoit un plus grand écho que Charles Murray et Richard Herrnstein.

Les préoccupations grandissantes de la bourgeoisie

Mais le scandale entourant *The Bell Curve* ne reflète que faiblement les inquiétudes exprimées par certains dans la bourgeoisie quant aux conséquences potentiellement explosives de ce qui se passe dans l'économie capitaliste mondiale, y compris les résultats des « réussites » patronales en matière de suppressions de postes et de réductions de coûts. Certains d'entre eux regardent ce qui est en train de s'accumuler dans la classe ouvrière aux États-Unis et d'autres parties du monde et ça commence à leur faire peur. Il n'y a pas que les communistes qui peuvent voir des développements qui finiront par conduire à une intensification de la lutte de classe.

Il y a deux semaines, l'ancien rédacteur du *New York Times*, A. M. Rosenthal, a intitulé « Maigre et très dure » une de ses rubriques régulières dans la page d'opinion. Il conclut avec ce paragraphe :

> Si la politique de maigreur-dureté se poursuit trop longtemps et que l'optimisme américain finit par mourir, les travailleurs pourraient un jour redescendre dans la rue. Il n'y aura pas de F. D. R. [Franklin Delano Roosevelt] pour sauver le capitalisme. [...] Le monde des affaires américain va découvrir à quel point la vie peut devenir très dure.

A. M. Rosenthal n'est pas ce qu'ils appelaient autrefois un « libéral au grand coeur. » C'est un conservateur social qui loue le patronat depuis au moins une décennie pour sa politique de maigreur-dureté. Mais voilà le résultat inattendu qu'il craint maintenant. (En passant, Rosenthal utilise toujours les initiales « A. M. » Lorsqu'il a commencé pour le *New York Times* pendant la deuxième guerre mondiale, si vous étiez Juif et aviez un prénom comme Abraham, vous n'aviez pas le droit de l'utiliser pour signer articles ou rubriques. Vous deviez vous servir de vos initiales. La famille capitaliste à laquelle appartient le *Times* est juive et c'était une de ses façons de s'adapter à sa niche dans la classe dirigeante US, où l'antisémitisme est la règle et non l'exception. Rosenthal a des raisons de se faire un peu plus de soucis que certains autres dans l' « élite cognitive isolée. »)

Environ un mois plus tôt, il y a eu un article d'opinion dans le quotidien d'affaires de Londres, le *Financial Times*. La rubrique s'appelle « L'investisseur mondial » et le titre en était le 14 novembre dernier : « Travailler plus dur — ou pas du tout. » Réfléchissez à ça un moment : « Travailler plus dur — ou pas du tout. » Je n'invente rien.

Un graphique accompagne l'article, avec trois courbes illustrant des indices que les commentateurs (et « économistes ») bourgeois utilisent pour mesurer la productivité aux États-Unis. Une courbe illustre la « production manufacturière » : elle monte depuis 1991, avec deux creux. La deuxième courbe représente les « heures travaillées » : elle monte aussi. Puis il y a la troisième courbe, appelée « rémunération horaire » : elle baisse. Il n'y a rien comme un graphique pour confirmer tardivement ce que chaque personne qui travaille sait déjà et a ressenti dans ses os !

Le chroniqueur commence en faisant remarquer qu'au cours des trois mois précédents aux États-Unis, les profits étaient « en forte hausse, » les ventes étaient « aussi en forte augmentation » et « plusieurs manufacturiers se disaient toujours en train de supprimer des emplois. » Et il ajoute : « Ça, c'est de la productivité, pas de méprise possible. Si l'apogée du cycle ressemble à ça, que Dieu vienne en aide aux travailleurs lors de la prochaine récession. » (Hélas, la classe ouvrière n'a pas reçu ce genre d'assistance divine au cours des deux décennies depuis 1995, ce que montrent les graphiques de la page 37. — JB)

Voilà ce qui attire l'attention de plusieurs porte-parole de la bourgeoisie — y compris les « scientifiques » qui ont écrit *The Bell Curve*. Oui, nous voulons faire monter les profits. Oui, nous voulons être riches. Oui, ça veut dire que nous devons maintenir les salaires bas, augmenter les heures de travail et accélérer la production. Mais tout ça n'entraînera-t-il pas une réaction des travailleurs ? L'article du *Financial Times* évoque même *The Bell Curve*, avec le commentaire : « [O]n n'est pas obligé d'accepter le raisonnement pour accepter la conclusion : d'une façon ou d'une autre, la révolution technologique est de la dynamite sociale. » Laissons de côté l'absurdité que c'est une « révolution technologique » qui est de la « dynamite sociale » — pas le résultat des réductions de coûts et de personnel des patrons, le résultat des relations sociales du capitalisme. Mais le chroniqueur du *Financial Times* comprend le point politique.

Pendant qu'on y est, Rosenthal accorde un peu trop de crédit au pouvoir des aristocrates bourgeois new-yorkais en affirmant que « F. D. R. a sauvé le capitalisme » pendant la dépression des années 1930. Une fois les travailleurs impliqués dans une lutte concertée, peu d'entre eux, en particulier les travailleurs qui ont une conscience de classe, portent beaucoup d'attention à ce que la plupart des politiciens capitalistes ont à dire, y compris Franklin Roosevelt. Ce que Rosenthal oublie de l'histoire des années 1930, c'est la bureaucratie syndicale de l'AFL et du CIO, le Parti communiste et le Parti socialiste, et les autres misleaderships sociaux-démocrates et centristes. Ce sont les forces de collaboration de classe qui, de l'intérieur des organisations ouvrières et sous la pression croissante de la propagande de guerre social-patriotique, ont fait dérailler la puissance sociale du mouvement ascendant des syndicats industriels en la canalisant vers un soutien au système bipartite capitaliste.

Mais ce ne sont pas seulement les travailleurs qui réfléchissent qui peuvent voir ce qui se prépare dans les conditions déflationnistes d'aujourd'hui. Si ce qu'on voit tout autour de nous — baisse des salaires réels, allongement des heures de travail, détérioration des conditions de sécurité au travail, appauvrissement grandissant — est ce qui se passe au cours de la troisième année d'*expansion* du cycle économique, à quoi donc doit-on s'attendre lors du prochain atterrissage qui ne sera pas tellement en douceur ? Et à quel genre de luttes ouvrières cela va-t-il mener lorsqu'il y aura une petite reprise et un peu plus d'espace pour résister ?

De la politique, pas de la science
Voilà donc les vraies questions qu'il faut garder à l'esprit quand nous discutons *The Bell Curve*. Il y a sans contredit de nombreuses critiques légitimes qui peuvent être et ont été faites à propos de la génétique du livre, de sa bonne ou mauvaise interprétation de diverses études, de ses méthodes statistiques et ainsi de suite. Pour ne citer qu'un seul exemple, les niveaux moyens de QI aussi bien dans les pays industriels avancés que dans de nombreuses régions du monde semi-colonial se sont considérablement élevés depuis la seconde guerre mondiale. Mais si c'est ce que les chiffres montrent, et c'est le cas (tels que cités par Murray et Herrnstein eux-mêmes), il n'y a aucune chance que ce soit le produit de mutations génétiques. Ça n'a aucun rapport possible avec l'évolution. C'est une période de temps bien trop courte.

« Il n'y a rien comme un graphique pour confirmer après coup ce que chaque personne qui travaille sait déjà et a ressenti dans ses os ! »

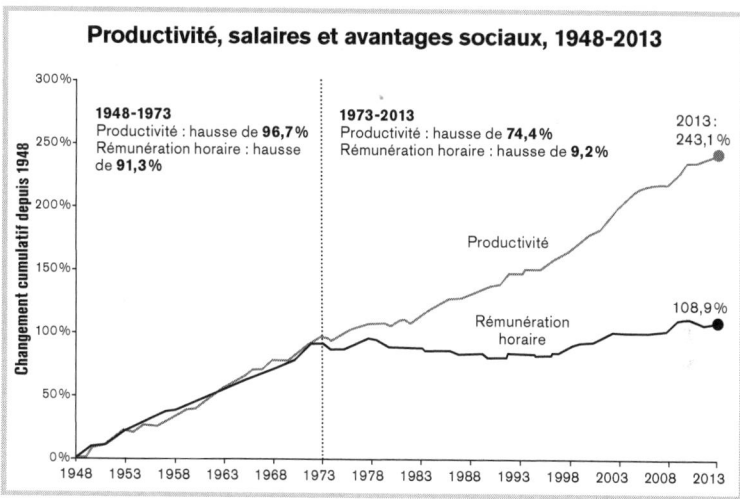

Les données sur la rémunération sont les salaires et les avantages sociaux ajustés à l'inflation pour les travailleurs de production sans fonction de supervision.

Economic Policy Institute

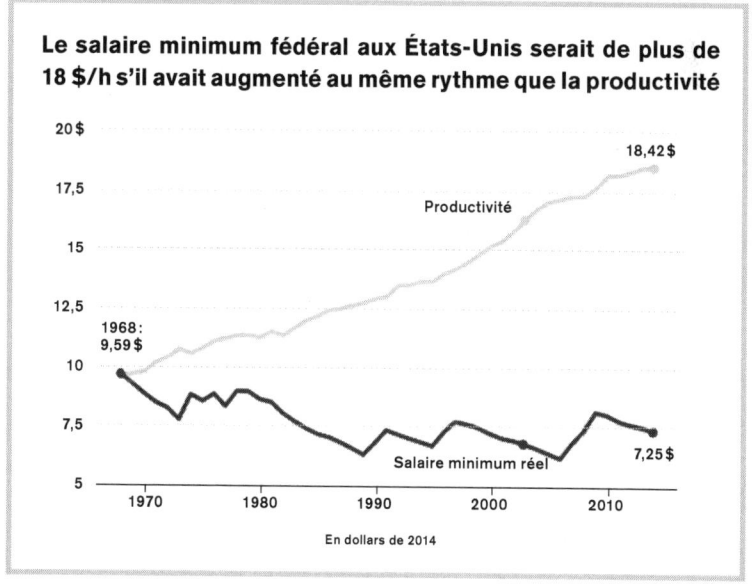

Economic Policy Institute

« Dans les années 1930, la bureaucratie syndicale, le Parti communiste, le Parti socialiste et d'autres forces de collaboration de classe au sein des organisations ouvrières ont fait dérailler la puissance du mouvement des syndicats industriels en la canalisant vers un soutien au système capitaliste. »

En haut. Janvier 1937. Une grève avec occupation d'usine paralyse General Motors à Flint dans l'État du Michigan, forçant les patrons à reconnaître le syndicat des Travailleurs unis de l'automobile.

En médaillon. À mesure que les syndicats industriels progressaient, les travailleurs étaient de plus en plus confiants de pouvoir rompre d'avec les partis jumeaux du capitalisme et créer un parti ouvrier basé sur les syndicats. Les staliniens, les dirigeants du Parti socialiste et quelques bureaucrates syndicaux ont fondé le Parti américain du travail pour faire déraper un tel cours et aller chercher un appui à Roosevelt de la part de travailleurs qui pourraient refuser de voter pour les « démocrates ».

Ces chiffres reflètent des changements dans les relations sociales, dans l'idée que les êtres humains productifs ont d'eux-mêmes, dans la façon que nous utilisons notre temps, dans ce que nous faisons et dans notre façon d'agir. Ils reflètent l'expansion de la taille de la classe ouvrière. Ils reflètent l'intégration raciale continue de la classe ouvrière dans tous les domaines de travail. Ils reflètent le passage d'un plus grand nombre de femmes du foyer à la force de travail. Ils reflètent le nombre croissant de travailleurs qui ont accès à l'éducation primaire et à une meilleure alimentation, ainsi que d'autres facteurs sociaux.

Mais ce n'est pas de bonne ou mauvaise science dont il est d'abord question avec *The Bell Curve*. Ni Richard Herrnstein ni Charles Murray ne sont des généticiens. Murray est un propagandiste politique. Il s'est fait toute une réputation sous l'administration Reagan en écrivant un livre disant que le gouvernement devrait se débarrasser des programmes d'aide sociale : *Losing Ground: American Social Policy 1950–1980* [On perd du terrain : La politique sociale américaine, 1950-1980]. L'administration Reagan a fait l'éloge du livre mais n'était pas prête à suivre ses conseils. Reagan a réduit quelques impôts pour les riches et ça a été à peu près tout. La Maison-Blanche de Reagan a en fait augmenté les dépenses fédérales dans tous les domaines, y compris pour les allocations d'aide sociale. Ça a pris Clinton, qui a dit publiquement à la télé que les écrits de Murray sur les conséquences sociales du programme d'Aide aux familles avec enfants à charge étaient « fondamentalement justes », pour commencer à faire campagne pour le besoin d'une loi abolissant « l'aide sociale telle que nous la connaissons. »

« Personne dans la classe dirigeante n'a la moindre solution à la crise capitaliste. Que pourraient-ils faire ? Arrêter de se faire concurrence ? Augmenter les salaires alors que leurs concurrents les réduisent ? Arrêter d'utiliser les flics comme une force de contrôle que l'on craint ? »

LUCAS JACKSON/REUTERS

MARVIN JACKSON

En haut. Baltimore, Maryland, mai 2015. Manifestation de protestation contre le meurtre de Freddie Gray, dont le cou a été brisé alors qu'il était enchaîné dans une fourgonnette de police.

En bas. Garden City, New York, mai 2016. Des grévistes de Verizon conspuent des briseurs de grève escortés par la police à un centre d'appels. 39 000 syndiqués ont fait grève contre les plans des patrons pour augmenter leurs profits en réduisant les coûts de main-d'oeuvre.

Murray dit : oui, nous devons nous débarrasser de l'aide sociale. C'est le premier pas nécessaire vers la réduction des programmes sociaux financés par le gouvernement qui grugent dans les profits. Débarrassez-vous de l'aide sociale, peu importe les conséquences. C'est la seule façon pour « nous », dit-il, d'en arriver un jour au point où « nous » pourrons enfin « nous » promener à nouveau sans danger dans nos villes.

« **Les êtres humains ont une structure et une variabilité génétiques. Mais nous ne sommes pas des ordinateurs. Non seulement notre quincaillerie, mais nos logiciels commencent à changer dès que nous commençons à faire des choses avec nos mains et nos yeux, quand nous ne sommes encore que des nouveau-nés. La pratique et l'expérience sociales font de nous ce que nous sommes.** »

Personne dans la classe dirigeante n'a, ou ne peut avoir, la moindre solution à la crise du système capitaliste et, bien sûr, personne parmi elle n'a d'alternative à faire ce qui est nécessaire pour maximiser leurs profits. Que pourraient-ils proposer ? Arrêter de se faire concurrence ? Augmenter les salaires et réduire le temps de travail alors que leurs concurrents réduisent les salaires et augmentent le temps de travail ? Arrêter d'utiliser les flics comme une force de contrôle que l'on craint ?

Mais un nombre croissant d'entre eux commence à voir ce qui vient alors que le déclin s'accélère et qu'ils font pression sion toujours plus durement sur la classe ouvrière. Certains

« Le concept de race dans ses formes virulentes et pseudo-scientifiques — comme justification de l'esclavage par exemple — est un produit du développement du capitalisme industriel. »

« Il n'y avait rien de scientifique dans les théories raciales des nazis. Celles-ci n'ont pas pu s'imposer avant la défaite de la classe ouvrière et le triomphe du fascisme en Allemagne. C'était une question politique, pas scientifique. »

En haut. Encans d'esclaves en Louisiane en 1842 et en Caroline du Sud en 1769.

En bas. Buchenwald, un des plus grands camps de concentration en Allemagne nazie, où plus de 50 000 Juifs et autres personnes ont été assassinés.

sont assez vieux pour se souvenir de périodes antérieures dans l'histoire du capitalisme ou ont lu suffisamment à leur sujet pour savoir ce qui commence à se passer quand un nombre croissant de batailles ouvrières et d'autres luttes sociales commencent à se chevaucher et à établir des liens entre elles. Ils savent que les patrons vont découvrir que la classe ouvrière peut elle aussi être poussée au point d'être non seulement « maigre » mais « dure ».

Le gros du battage autour de *The Bell Curve* a déjà atteint son sommet, mais la résistance des travailleurs à ce que les capitalistes essaient d'imposer ne va pas disparaître. Ni ne va disparaître leur scepticisme croissant — et déstabilisant — quant à la sagesse et la permanence des Partis démocrate et républicain.

Le gros du débat autour de *The Bell Curve* dans la presse bourgeoise n'a jamais été sérieux. Pour l'essentiel, il n'est jamais allé plus loin que de reprocher aux auteurs : peu importe ce que vous pensez de ces questions, *vous n'auriez pas dû l'exprimer*. Ce n'est pas le moment. C'est trop explosif.

À l'heure actuelle, il n'y a pas de base dans la politique bourgeoise pour la remontée d'un mouvement eugénique réactionnaire. Il n'y avait rien de scientifique dans les théories raciales des nazis. Celles-ci n'ont pas pu s'imposer avant la défaite de la classe ouvrière et le triomphe du fascisme en Allemagne. C'était une question politique, pas scientifique. (Avant que les nazis ne donnent une mauvaise réputation à l'eugénisme, devrions-nous rappeler, ses principaux défenseurs au début du vingtième siècle étaient des méritocrates libéraux, sociaux-démocrates et anarchistes de l'époque. Ce qui comprend Sidney et Béatrice Webb, John Maynard Keynes, Margaret Sanger, Havelock Hellis,

H. G. Wells, W. E. B. Du Bois, George Bernard Shaw, Bertrand Russell, Pierre Kropotkine et Emma Goldman.) De toute façon, *The Bell Curve* dit que ce sont les Juifs et les Japonais qui sont vraiment les plus intelligents, pas les Aryens. Ceci réduit à néant son attrait pour les partisans de l'« Amérique d'abord » et de la suprématie blanche. Ceux-ci ne sont pas intéressés par un programme eugénique qui pourrait aboutir à l'élimination progressive des blancs pour placer les Juifs et les Asiatiques au sommet ! Pas question, on ne marche pas ! Si c'est ça le choix, ils préfèrent Patrick Buchanan à Murray et Herrnstein, vous pouvez mettre votre main au feu.

Évidemment, les êtres humains ont une structure et une variabilité génétiques. Mais nous ne sommes pas des ordinateurs. Ce n'est pas seulement notre quincaillerie qui change. Nos logiciels changent aussi. Ils changent dès que nous commençons à faire des choses avec nos mains et nos yeux, quand nous ne sommes encore que des nouveau-nés. La pratique et l'expérience sociales font de nous ce que nous sommes. Évidemment, il y a aussi des choses chez les êtres humains qui ne changent pas, quoi qu'il nous arrive socialement. Nous venons avec des sexes différents. Nous avons différentes pigmentations de peau. Nous avons des problèmes de santé et des réactions à des traitements médicaux qui sont différents. Et il y a plusieurs autres exemples. Le monde serait terriblement ennuyeux si cela n'était pas le cas.

Mais rien de tout cela ne peut se réduire à une quelconque limite inhérente au potentiel des êtres humains ou de tout groupe socialement défini d'êtres humains. Parce qu'aussi bien les classes que les races sont des produits historiquement déterminés du développement de la société divisée en classes. Le concept de race dans ses formes virulentes et pseudo-scientifiques — comme justification de l'esclavage par exemple — est le produit du stade le plus récent de la société de classe. C'est à la fois une condition nécessaire à ce que Karl Marx a appelé « l'accumulation primitive du capital » et une conséquence du développement et de la consolidation du capitalisme industriel moderne.

« **La lutte pour le pouvoir ouvrier — et la transformation des relations de propriété essentielle pour initier la transition au socialisme — ne sont possibles que lorsque nous, les travailleurs, nous commençons à nous transformer et à transformer nos attitudes envers la vie, le travail et chacun d'entre nous. À ce moment seulement apprendrons-nous ce que nous sommes capables de devenir.** »

Tous les grands marxistes ont salué le fait que la construction du socialisme nous permettra, à nous travailleurs, de nous transformer — de transformer qui nous sommes et ce dont nous sommes capables. Lisez le *Manifeste communiste* et les autres écrits de Karl Marx et Friedrich Engels. Lisez ce que V. I. Lénine, Léon Trotsky et d'autres dirigeants bolcheviques avaient à dire à ce sujet. Lisez les articles et les livres de James P. Cannon et de Farrell Dobbs. Lisez les livres de George Novack et d'Evelyn Reed qui retracent l'ascension de l'humanité, longue de milliers d'années. Lisez Malcolm X. Lisez Fidel Castro.

Lisez *Le socialisme et l'homme à Cuba* et les autres ouvrages d'Ernesto Che Guevara. Lisez Maurice Bishop et Thomas Sankara.

C'est le travail social qui rend possibles toute civilisation et les progrès de la culture. Nous travailleurs, nous commençons à nous transformer nous-mêmes et à renforcer les liens de la solidarité humaine dans le processus même de construction des mouvements sociaux combatifs et des organisations prolétariennes disciplinées sans lesquels les dirigeants capitalistes vont précipiter le monde dans le fascisme et la guerre.

La lutte révolutionnaire pour le pouvoir ouvrier — et encore plus, la transformation fondamentale des relations de propriété essentielle pour initier la transition au socialisme — ne sont possibles qu'en organisant les travailleurs pour que nous commencions à nous transformer et à transformer nos attitudes envers la vie, le travail et chacun d'entre nous. À ce moment seulement apprendrons-nous ce que nous sommes capables de devenir, alors que nous déploierons nos capacités et celles de nos alliés pour changer la société.

Ce que le travail social des êtres humains rendra possible sous le communisme placera l'humanité tellement au-dessus de ceux que nous considérons aujourd'hui comme les grands penseurs et acteurs de l'histoire que nous ne pouvons même pas concevoir comment pourra se faire la comparaison.

La stratification de classe grandissante et la « méritocratie éclairée »

« Les membres du Caucus noir du Congrès n'ont pas honoré Clinton pour avoir oeuvré à l'avancement économique et social de la majorité laborieuse des Américains africains ou de l'ensemble des travailleurs et agriculteurs. Ils l'ont honoré pour avoir contribué à leur propre avancement et à celui de leurs pairs. »

MANNY CENETA/GETTY IMAGES

En haut. Bill et Hillary Clinton au banquet de remise de prix du Caucus noir du Congrès en septembre 1999. Deux ans plus tard, cet événement annuel a nommé Bill Clinton « le premier président noir de l'Amérique. »

La stratification de classe grandissante et la « méritocratie éclairée »

LA CONSÉCRATION IRONIQUE de William Jefferson Clinton comme le « premier président noir » des États-Unis au cours d'un banquet de remise de prix organisé par le Caucus noir du Congrès à la fin de 2001 était plus qu'une simple plaisanterie d'après-cocktail. Elle a marqué la consolidation d'une couche sociale embourgeoisée d'Américains africains, un sous-produit de la stratification de classe croissante de la population noire et une perversion capitaliste inévitable des victoires remportées par le mouvement pour les droits des Noirs des années 1950 et 1960. Ce processus a été renforcé par la « prospérité » et les « beaux jours » capitalistes

---

Ce chapitre s'appuie sur des rapports de Jack Barnes lors d'une conférence de direction du Parti socialiste des travailleurs tenue à New York du 11 au 13 avril 2009 et sur une présentation faite le 22 novembre 2008 au cours d'une réunion publique organisée à Newark, dans l'État du New Jersey, par le SWP et les Jeunes socialistes et à laquelle quelque 375 personnes ont participé. Une version antérieure intitulée « La « méritocratie » cosmopolite et la structure de classe changeante de la nationalité noire » a paru dans *Malcolm X, la libération des Noirs et la voie vers le pouvoir ouvrier*, Pathfinder, 2009. De nombreux faits et chiffres ont été mis à jour en mai 2016.

alimentés par le crédit qui ont marqué la plus grande partie des années 1990, « prospérité » et « beaux jours » qui ont commencé à se gâter durant la première décennie du vingt et unième siècle.

Au sein de la nationalité noire, il y a eu une croissance significative de couches petites-bourgeoises et professionnelles, même d'une couche bourgeoise — à un degré impensable pour les gens de toutes les classes et races aux États-Unis il n'y a pas plus d'un quart de siècle. Bien avant le début de son mandat à la Maison-Blanche en 1993, Clinton avait saisi l'utilité de ce développement pour la stabilité de la domination capitaliste aux États-Unis et en particulier son importance pour le Parti démocrate aux niveaux des municipalités, des États et du gouvernement fédéral. Clinton a nommé bien plus de Noirs à son administration qu'aucun des 41 présidents avant lui ou, jusqu'à présent, les deux qui l'ont suivi. Il a nommé neuf Américains africains à des positions du niveau du cabinet et neuf comme assistants du président, sans parler de milliers de nominations à d'autres postes à travers la bureaucratie fédérale.

Les membres du Caucus noir n'ont pas honoré Clinton pour avoir oeuvré à l'avancement économique et social de la majorité laborieuse des Américains africains ou de l'ensemble des travailleurs et agriculteurs aux États-Unis. Ils l'ont honoré pour avoir contribué à l'avancement de leurs propres carrières et de celles de leurs pairs sociaux.

Ce fait a été souligné une quinzaine d'années plus tard quand le Comité d'action politique du Caucus noir du Congrès (CBC PAC) a annoncé au début de la période des primaires son soutien à la nomination d'Hillary Clinton comme candidate présidentielle en 2016. Membre du Congrès pour New York et aussi président du CBC PAC, Gregory Meeks a loué

Hillary Clinton (en mentionnant davantage son mari Bill que la candidate elle-même) pour avoir aidé les membres du Caucus noir à devenir présidents de sous-comités et pour « avoir fait campagne avec nous » au fil des années.

Il est important pour le mouvement ouvrier de comprendre l'ampleur et le rythme d'expansion de cette couche de la classe moyenne supérieure au sein de la population noire, une couche qui n'existe au plus que depuis une ou deux générations, et de comprendre également ses limites. Cette couche est différente de la petite classe moyenne parmi les Américains africains pendant la majeure partie du vingtième siècle : instituteurs ; pasteurs de grandes églises ; propriétaires de pompes funèbres, de concessions automobiles et d'autres petites entreprises s'adressant à une clientèle noire ; et une poignée d'avocats, de comptables et de médecins exerçant presque exclusivement dans les quartiers noirs et desservant des commerces appartenant à des Noirs.

Un signe de la nouveauté de cette classe moyenne au sein de la nationalité américaine africaine est l'écart entre la croissance du *revenu* annuel médian de ses membres, qui a augmenté très rapidement une fois certaines barrières racistes battues en brèche par le mouvement pour les droits des Noirs, et celle de leur *richesse* médiane. Contrairement au revenu, la richesse (souvent appelée la « valeur nette » [!] d'une personne sous le capitalisme) prend beaucoup plus de temps à s'accumuler et à se transmettre exonérée d'impôts par héritage et par fidéicommis et fondations de famille.

Alors que le *revenu* annuel médian des ménages noirs s'élevait à près de 60 pour cent de celui des Caucasiens en 2014, la *richesse* médiane des familles noires ne s'élevait qu'à 6 pour cent de celle des familles blanches. Bien plus, cet écart de richesse s'est accru depuis la crise de 2007-2008 et un pourcentage beaucoup plus élevé de la richesse des Noirs correspond à une maison, pas à des actions, obligations et autres capitaux. En ce sens, les Noirs restent « riches en immobilier et pauvres en liquidités, » comme le dit la vieille expression. (Pour la petite poignée de familles possédantes au pouvoir, les obligations — émises par le gouvernement, des agences et des sociétés privées — constituent la plus grande source de la richesse « permanente » que ces familles obtiennent de leur part de la plus-value totale extraite en exploitant le travail social des travailleurs, des agriculteurs et des autres producteurs laborieux à travers le monde.)

Cette couche sociale aisée de la population américaine africaine est aussi beaucoup plus présente qu'auparavant parmi les élus et les membres de l'appareil du Parti démocrate. Au cours des deux dernières années de l'administration Obama, 46 membres (ou 10 pour cent) de la Chambre des représentants US sont noirs. Ils n'étaient que 4 (ou moins de 1 pour cent) en 1963. En 2010 au niveau des États, le nombre des législateurs qui étaient américains africains (environ 9 pour cent) avait triplé depuis 1970 et près du tiers d'entre eux avaient été élus dans des districts ayant une population majoritairement blanche. Aujourd'hui, des Noirs sont maires d'une cinquantaine des 600 villes US de 50 000 habitants ou plus. Avant 1967, il n'y avait pas eu un seul maire américain africain d'une ville importante depuis l'écrasement sanglant de la Reconstruction radicale presque un siècle auparavant.

En fait, cette couche sociale de la population noire est devenue le troisième pied de la « coalition » qui mobilise les électeurs pour les familles de la classe dirigeante qui dominent le Parti démocrate. Les deux autres sont la bureaucratie syndicale et les machines politiques clientélistes des grandes villes US. Les représentants politiques de cette couche ont remplacé les « dixiecrates », les membres de l'appareil du Parti démocrate des anciens États confédérés qui, avant la défaite de la ségrégation de Jim Crow dans les années 1960, avaient constitué pendant des décennies le rempart institutionnel de ce système raciste et garanti la viabilité des démocrates en tant que parti national.

La méritocratie n'est pas un « phénomène noir »
Cette croissance des classes moyennes noires et de la bourgeoisie noire récemment agrandie représente un changement qui était déjà largement derrière nous quand Barack Obama a été élu en 2008. En réalité, ce phénomène a culminé *politiquement* pendant l'administration Clinton, entre 1993 et 2000.

En dépit de ce qu'on dit souvent dans les médias capitalistes et ailleurs, l'élection de Barack Obama à la présidence reflète non seulement l'existence de cette couche sociale parmi les Américains africains, mais aussi un phénomène plus large dans l'évolution des relations de classe aux États-Unis. Pour la grande majorité de ceux qui ont voté pour Obama en 2008 et encore en 2012, ce n'est pas « un phénomène noir. »

L'administration Obama doit son ascension à la croissance explosive au cours des récentes décennies d'une nouvelle strate de professionnels et d'individus de classe moyenne ayant une mentalité bourgeoise — *de toutes couleurs et teintes* — dans les grandes villes, banlieues et petites villes universitaires de tout le pays.

Depuis ses premières années dans la politique de l'État d'Arkansas au milieu des années 1970, Bill Clinton a compris de manière opportune les ouvertures créées pour les politiciens du Parti démocrate comme lui par les gains de la lutte pour les droits des Noirs. Dès le début, Clinton a activement *oeuvré* pour assurer, à lui et à son parti, « un vote noir » de plus en plus large.

« L'élection de Barack Obama reflète non seulement l'expansion d'une couche de la classe moyenne supérieure parmi les Américains africains, mais aussi une évolution plus large des relations de classe. Ce n'est pas « un phénomène noir. » C'est la croissance explosive d'une nouvelle couche à mentalité bourgeoise de professionnels et d'autres individus de la classe moyenne, de toutes les couleurs et teintes. »

Le phénomène Obama est venu plus tard et est très différent. Non seulement Obama n'a pas eu besoin de faire un grand effort pendant sa campagne électorale pour remporter le vote de la très grande majorité des Américains africains (96 pour cent en 2008 et 93 pour cent quatre ans plus tard), mais il n'y a pratiquement rien qu'il aurait pu faire d'un point de vue réaliste *pour le perdre*. Obama a aussi obtenu environ les deux tiers des votes des Latinos et des jeunes étudiants, y compris une grande majorité des étudiants qui sont caucasiens. Et peu importe comment les sondeurs bourgeois et d'autres définissent ce que sont les « travailleurs blancs, » Obama a également obtenu en 2008 et en 2012 respectivement 40 pour cent et 36 pour cent de leurs votes.

Pour ces raisons, le rapport qu'entretenait Bill Clinton avec le Caucus noir du Congrès et les misleaders bourgeois des droits civils, du mouvement syndical et des organisations de femmes était jusqu'à un certain point symbiotique. Il avait certainement besoin de ces « frères et soeurs » autant, sinon plus, que ces derniers avaient besoin de lui. Mais la relation de Barack Obama avec le Caucus noir et d'autres misleaderships *n'est* décidément *pas* symbiotique : *ils* ont besoin de *lui*, pas le contraire.

Cette couche dont je parle de classes moyennes aisées en expansion se compose entre autres du personnel généreusement rémunéré de ce qu'on appelle les fondations sans but lucratif, des oeuvres de bienfaisance, des « organisations communautaires » et des « organisations non gouvernementales » (ONG) aux États-Unis ; de professeurs bien placés et de hauts dirigeants administratifs universitaires ; d'avocats, de lobbyistes, de « personnalités » du sport et des médias. La vie et les moyens d'existence dans la société capitaliste de ces couches grandissantes centrées dans les fondations et les universités — et qui, comme les banquiers et les hommes d'affaires, occupent et délaissent régulièrement des postes gouvernementaux — n'ont en général aucun lien avec la production, la reproduction ou la circulation de la richesse sociale. Leur existence est de plus en plus étrangère aux conditions de vie des travailleurs ou des autres producteurs de *toutes* origines raciales ou nationales.

Cette réalité s'est reflétée dans le résultat des élections présidentielles de 2008. Ce n'est pas le soi-disant vote noir qui a propulsé Barack Obama de manière si décisive vers la victoire dans la course contre le républicain John McCain. Parmi les changements les plus frappants par rapport aux élections précédentes, il y a le fait que 52 pour cent de ceux qui ont des revenus annuels de plus de 200 000 $ ont voté pour Obama, contre à peine 35 pour cent pour le démocrate John Kerry quatre ans plus tôt.

> **« Cette couche sociale arriviste est bourgeoise dans ses intérêts de classe, ses valeurs et sa vision du monde, dans qui elle sert. Mais elle n'est pas une section en devenir de la classe capitaliste. Elle n'est pas « entrepreneuriale ». […] Elle prélève une portion de la plus-value que produisent les travailleurs et que s'approprie la bourgeoisie. Mais la vaste majorité d'entre elle ne contribue rien à la création de cette valeur. »**

Et pour la première fois en plusieurs décennies, le candidat présidentiel démocrate de 2008 a remporté plus de 50 pour cent des voix dans les banlieues essentiellement caucasiennes du pays, comparé aux 41 et 47 pour cent obtenus par Clinton en 1992 et en 1996. Qui plus est, alors que les républicains ont continué à dominer un grand nombre des banlieues habitées par les « vieilles fortunes » plus établies — des endroits comme New Canaan et Darien au Connecticut ; Saddle River et Englewood Cliffs au New Jersey ; ou Sunfish Lake et North Oaks au Minnesota — Obama a récolté des majorités importantes dans des villes ayant des concentrations plus grandes de membres des professions libérales à hauts revenus — des endroits comme Westport (65 pour cent), West Hartford (70 pour cent) et Greenwich (54 pour cent) au Connecticut ; Montclair (84 pour cent), Tenafly (64 pour cent) et Ridgewood (56 pour cent) au New Jersey ; Edina (56 pour cent) au Minnesota, et de nombreux autres villes. Plus de 65 pour cent des électeurs de Scarsdale, l'une des banlieues les plus sélectes de la ville de New York, ont voté pour Obama. Et le comté de Westchester, le deuxième plus riche comté de l'État et le douzième des États-Unis, a donné une marge de 63 pour cent à Obama (contre 58 pour cent pour Kerry en 2004 et 56 pour cent pour Clinton en 1996).

La couche sociale arriviste dont le nouveau président fait partie est *bourgeoise* dans ses intérêts de classe, ses valeurs et sa vision du monde — dans qui elle sert. Mais elle n'est pas une section en devenir de la classe capitaliste. Elle n'est pas « entrepreneuriale », sauf pour une poignée de milliardaires de la technologie et des « médias sociaux. » Elle n'est pas formée des propriétaires, hauts dirigeants ou grands créanciers des nouvelles entreprises capitalistes en rapide expansion : usines, exploitations agricoles ou entreprises financières ou commerciales.

Alimenté par l'endettement, le long « boom » capitaliste qui a volé en éclats en 2007-2008 a été marqué par un tarissement des investissements dans les usines et les équipements qui augmentent les capacités productrices et par une lenteur parallèle à intégrer du travail productif dans la création de richesse sociale. Cette stagnation du taux d'accumulation du capital et l'expansion de la couche de la classe moyenne dont nous parlons ici sont en fait deux côtés de la même pièce. Ses membres jouissent de revenus élevés, mais très peu peuvent transmettre ou transmettront de capitaux relativement considérables aux générations à venir par le biais de trusts familiaux.

Cette « méritocratie éclairée » autoproclamée est plutôt déterminée à duper le monde pour lui faire accepter le mythe que l'avancement économique et social de ses membres est une juste récompense pour leur intelligence, leur éducation et les « services » qu'ils rendent. Ses membres croient vraiment que leur « brillance », leur « vivacité », leur « contribution à la vie publique, » leurs « sacrifices » (ils font remarquer avec humilité qu'ils pourraient faire beaucoup plus d'argent en affaires ou comme banquiers) leur donnent le droit de prendre des décisions, d'administrer et de « réglementer » la société pour la bourgeoisie — au nom de ce qu'ils prétendent être les intérêts du « peuple ».

En échange, ils obtiennent de meilleures et plus grandes maisons, une éducation scandaleusement dispendieuse pour leur lignée de la maternelle aux études post-supérieures, des « besoins » de consommation haut de gamme, plus l'équivalent d'une « remise accordée aux forces de l'ordre » sur toutes les grandes transactions financières. (Le beau coup que les Obama ont fait en achetant leur hôtel et terrain particuliers de Hyde Park à Chicago, généreusement subventionné par un collecteur de fonds de premier plan de la machine de l'administration Daley, n'est qu'un exemple typique de ces milieux : un bon vieux pot-de-vin et de la corruption, revêtus de vêtements de la haute. La manne récoltée en un jour par Hillary Clinton pour des contrats à termes sur le bétail quand elle était première dame de l'Arkansas en est un autre.)

Et croyez-le ou non, ces aspirants bourgeois voient toutes ces « récompenses » comme du raffinement social, pas comme de la consommation de pacotille ostentatoire.

Alors que l'existence et la croissance de ces couches sont largement déconnectées du procès de production, elles sont étroitement liées à la production et reproduction des *relations sociales capitalistes*. Elles ont une existence *parasitaire*. Pour conserver leurs revenus et niveaux de vie élevés, elles doivent prélever une portion de la plus-value, des « rentes », produite par les travailleurs et que s'approprie la bourgeoisie. Mais la vaste majorité d'entre elles ne contribue rien à la création de cette valeur, même de manière dilapidatrice ou socialement nuisible.

Par contre, beaucoup de membres de ces couches poursuivent des carrières dans les universités, les médias, les « instituts de recherche » et autres institutions qui génèrent des justifications idéologiques pour l'exploitation et l'inégalité de classe (tout en s'efforçant, évidemment, de les « réformer »). Et en tant que cadres, fonctionnaires ou avocats à hauts salaires oeuvrant dans des fondations, « groupes de pression, » ONG, organismes de bienfaisance et autres institutions « sans but lucratif » ici et ailleurs dans le monde — d'autres gèrent les efforts des dirigeants pour retarder et amortir les réponses sociales et politiques explosives des travailleurs face à la dégradation de nos conditions de vie et de travail.

(Malgré son style de vie petit-bourgeois et ses perspectives bourgeoises, la bureaucratie syndicale ne fait pas vraiment partie de cette couche. Par la simple nature des cotisations dont elle dépend et de sa fonction dans la société capitaliste, elle est toujours trop liée à la poussière et à la crasse du travail.)

La méritocratie est une couche sociale qui manque d'assurance dans sa position de classe. Elle n'a pas la confiance affichée par la bourgeoisie, y compris par la bourgeoisie des « nouveaux riches. » Les possédants au pouvoir, qui ne comprennent que quelques centaines de familles, pas des milliers, *sont* une classe confiante (sauf pendant les crises prérévolutionnaires ou les périodes d'accélération rapide de l'effondrement de l'ordre capitaliste). Non seulement possèdent-ils, contrôlent-ils et détiennent-ils à perpétuité la dette qui contrôle les sommets de l'industrie, des banques, de la terre et du commerce. Ils dominent aussi l'État et tous les aspects de la vie sociale et politique. Et ils financent la production de la culture et des arts, y compris de leurs « avant-gardes ».

La couche sociale méritocratique relativement nouvelle que nous décrivons ici, et qui comprend *des millions, sinon des dizaines de millions* de personnes aux États-Unis aujourd'hui, *n'est pas* confiante. Au contraire. Parce qu'ils ont à quémander aux capitalistes une portion de la richesse créée par les producteurs exploités, ces privilégiés qui aspirent à l'aisance bourgeoise craignent néanmoins d'être repoussés à un certain moment vers les conditions des classes laborieuses.

D'un côté, à cause de leur simple taille comme couche de la société, ils savent que la classe dirigeante les trouve utiles pour promouvoir des illusions sur les « carrières ouvertes à ceux qui ont du talent » supposément sans limites sous le capitalisme. En même temps et malgré leur autoglorification éhontée, beaucoup d'entre eux sentent aussi qu'ils vivent à la merci de la bourgeoisie parce qu'ils ne remplissent aucune fonction économique ou politique *essentielle* dans la production et la reproduction de la plus-value. En fin de compte, la classe dirigeante peut se passer de beaucoup d'entre eux, particulièrement en période de crise sociale croissante.

« Les dirigeants capitalistes sont pragmatiques et sans pitié. Ils font ce qu'ils jugent nécessaire pour défendre leurs profits, leur propriété et par-dessus tout leur dictature de classe. Ils se servent de leur pouvoir d'État : de leurs flics, de leurs tribunaux, de leurs forces armées, de leur devise et de leur contrôle des frontières. »

JOHN MOORE/GETTY IMAGES

BUNYAMIN AYGUN/AP PHOTO

En haut. Rio Grande, Texas, décembre 2015. Des policiers des frontières US arrêtent des migrants qui traversent du Mexique en quête de travail. Plus de 350 000 personnes ont été arrêtées à la frontière cette année-là.

En bas. Une partie des décombres d'un hôpital à Kunduz en Afghanistan, bombardé par les forces US en octobre 2015. Plus de 40 personnes ont été tuées dans ce que le Pentagone a excusé comme une « erreur humaine. »

Les dirigeants capitalistes sont *complètement pragmatiques* dans leur politique et *totalement sans pitié*. Mais ils *ont* une politique de classe. Ils font ce qu'ils jugent nécessaire pour défendre leurs profits, leur propriété et les prérogatives qui les accompagnent, et par-dessus tout leur dictature de classe. Ils *se servent* de cette dictature. Ils *se servent* de leur pouvoir d'État : de leurs flics, de leurs tribunaux, de leurs forces armées, de leur devise et de leur contrôle des frontières.

En revanche, cette couche moyenne « méritocratique » n'a pas de cours politique de classe qui lui soit propre. Dans la mesure où elle s'engage à poursuivre un cours d'action — un cours souvent camouflé comme soucieux des autres, compatissant, réfléchi et surtout très intelligent — cette politique découle en fait des besoins et exigences de ses parrains bourgeois.

Malgré le mantra de « changement » de la *campagne* de Barack Obama par exemple, l'*administration* Obama s'est appuyée sur exactement les mêmes grands banquiers et financiers de Wall Street que ses prédécesseurs, en fait sur les mêmes intérêts du monde de l'argent, et dans beaucoup de cas sur les mêmes individus qui ont été les architectes de la pénible crise économique et financière capitaliste d'aujourd'hui. Et plus que toute autre administration dans l'histoire de l'impérialisme US, sa politique étrangère, militaire et de « sécurité intérieure » est empreinte de déférence envers les hauts échelons du corps professionnel des officiers des forces armées US.

Voilà la couche sociale d'où Barack Obama a émergé. Pas de la nationalité noire en majorité prolétarienne. Pas du milieu des petites entreprises entrepreneuriales productrices, la petite bourgeoisie. Et pas de la bourgeoisie. C'est aux intérêts de classe et à la perspective mondiale de cette « méritocratie » de plus en plus multinationale qu'Obama s'identifie.

La principale « image » publique que ces gens affectent est celle d'une empathie mesurée, un vernis derrière lequel se cache une hypocrisie sociale. Eux aussi « ressentent notre douleur, » mais ils nous sermonnent, nous houspillent, plus que Bill Clinton n'a jamais osé le faire. Leur principale prétention, c'est la clarté de leur pensée et l'habileté dont ils font preuve pour convaincre leurs auditeurs (« Permettez-moi d'être clair » est l'une des phrases types de Barack Obama). Mais ce sur quoi ils ne peuvent être clairs, c'est qu'ils « ressentent notre douleur » de moins en moins. Plus ils expriment d'empathie frénétique, le moins font-ils preuve de sympathie pour les masses laborieuses du monde.

Leur vulnérabilité face aux véritables détenteurs du capital les rend amers. Elle les énerve et fait naître en eux un cynisme à peine voilé envers des valeurs bourgeoises traditionnelles comme le patriotisme, la frugalité, la foi et la famille (c'est-à-dire les valeurs dont la bourgeoisie *fait la promotion* comme des piliers essentiels de l'ordre social, mais qui ne sont pas nécessairement typiques des attitudes et encore moins du comportement des classes possédantes mêmes). Et puisque, comme Marx et Engels l'ont expliqué il y a plus de 150 ans, les « pensées de la classe dominante sont aussi, à toutes les époques, les pensées dominantes, » un tel cynisme place aussi cette élite « intelligente » et avantagée en porte-à-faux par rapport aux valeurs et aux normes de larges sections de la classe ouvrière aux États-Unis.

Comme d'autres dans son milieu social, (Caucasiens, Noirs, Latinos ou autres), Barack Obama se voit comme

un cosmopolite tel que le dictionnaire définit ce mot :
« *doté d'un grand raffinement international, rompu aux usages du monde.* » Nettement différent du pur nationalisme bourgeois, souvent appelé « patriotisme » pour mieux l'atténuer.

Après plusieurs victoires de son mari dans les primaires du début de 2008, Michelle Obama a dit : « Pour la première fois de ma vie d'adulte, je suis fière de mon pays. » Barack Obama lui-même a décidé initialement de ne pas porter le drapeau américain en épinglette (une décision qu'il a par la suite renversée lorsque la course contre Hilary Clinton s'est considérablement resserrée en Pennsylvanie). Et quand le candidat démocrate s'est adressé à une foule de 200 000 personnes à Berlin en juillet 2008, il a annoncé qu'il était « un fier citoyen des États-Unis et un concitoyen du monde. » La droite républicaine a crié haro sur chacun de ces incidents et, étant donné ce qui a longtemps été considéré comme acceptable du point de vue de sa classe, elle avait de quoi se plaindre.

Comme président, évidemment, Barack Obama a rapidement démontré en Irak, en Afghanistan, au Pakistan, en Corée du Nord et ailleurs que son administration déchaînerait l'énorme pouvoir économique et la puissance militaire mortelle de l'impérialisme US pour « défendre » les frontières nationales, la devise et les intérêts plus larges de la classe dirigeante de ce pays. De là, l'administration Obama a poursuivi sur sa lancée en attaquant la Lybie en 2011 ; en intensifiant ses attaques de drones à travers le Moyen-Orient, l'Asie centrale et la corne de l'Afrique ; en organisant l'assassinat délibéré d'Oussama ben Laden ; en bombardant la Syrie et en y déployant des forces spéciales ; et beaucoup plus.

Et malgré les critiques venant de certains (pas tous) secteurs des partis républicain et démocrate, le remplaçant de Barack Obama à la Maison-Blanche en 2017 cherchera à améliorer, pas à jeter à la poubelle, les politiques qu'il a poursuivies : le soi-disant « accord nucléaire » avec l'Iran et le rôle accru de Téhéran dans les alliances des dirigeants US au Moyen-Orient ; la reconnaissance que le cours suivi par Washington pendant 55 ans pour renverser la révolution cubaine a échoué et qu'il était « temps de tenter quelque chose de nouveau » ; « le pivot du Pacifique » et le renforcement des capacités militaires et commerciales US en Asie ; et les efforts renouvelés de « relancer » les relations avec la Russie. Ce sont les politiques étrangères de l'impérialisme US aujourd'hui, pas un égarement de l'administration Obama pendant ses deux mandats au pouvoir.

Mais Barack Obama et beaucoup d'autres dans la méritocratie *ne* se considèrent *pas* d'abord et avant tout comme des Américains. Obama ne se contentait pas de réchauffer la foule au début de son premier mandat quand il a dit aux étudiants pendant son discours à l'Université du Caire en juin 2009 : « Compte tenu de notre interdépendance, tout ordre mondial qui élève une nation ou groupe de gens au-dessus des autres échouera inévitablement. » Cela s'inscrit dans la justification moralisante de la position sociale privilégiée de la méritocratie non seulement aux États-Unis mais aussi sur la scène mondiale.

Ceci ne veut pas dire que ceux qui font partie de cette couche sont des internationalistes, même des internationalistes bourgeois, encore moins des internationalistes prolétariens. Mais les méritocrates *s'identifient* avec leurs pairs sociaux privilégiés autour du monde. Ils *s'identifient* socialement avec ces couches ; ils partagent une mission. Ils *se soucient* de ce que les professeurs, les membres du personnel des ONG, les avocats et les autres « brillants » pensent d'eux à Paris, Berlin, Rome et Londres [1]. Ils *comptent* sur cet appui pour faire contrepoids à ce qu'ils considèrent être les familles de la classe dirigeante plus « vulgaires » de leur pays, qui en dernière instance imposent aux méritocrates les limites de ce qu'ils feront et ne feront pas.

Par-dessus tout, ils sont mortifiés à l'idée d'être identifiés avec les travailleurs des États-Unis, que ces derniers soient caucasiens, noirs ou latinos, nés dans le pays ou à l'étranger. Leur attitude envers ceux qui produisent la richesse de la société, la base de toute culture, va de la condescendance mielleuse au mépris ouvert occasionnel et spontané lorsqu'ils nous sermonnent sur nos manières et nos moeurs.

Avant tout, ils ont peur d'être dirigés un jour par ceux qui, craignent-ils, pourraient devenir la « grande foule » : la majorité laborieuse et productive. En fait, Barack Obama a cherché à protéger la méritocratie à travers le monde contre ceux que ses cercles petit-bourgeois perçoivent comme des

---

[1]. Dans des articles publiés en 2003 dans plusieurs revues, Daniel Dennett et Richard Dawkins — respectivement professeurs d'université en philosophie et en biologie de l'évolution et tous deux auteurs de best-sellers très lucratifs parmi la récente moisson de livre « athées » — se sont autoproclamés les pionniers d'un « regroupement » international comprenant « tout individu dont la perspective mondiale est dépourvue de forces et d'entités surnaturelles ou mystiques. » (« Nous » savons tous qui sont ces gens *et qui ils ne sont pas*, non ?) Dans sa chronique initiale sur la page d'opinion du *New York Times*, Dennett a protesté de manière faussement naïve : « Ne confondez pas le nom et l'adjectif : « Je suis un brillant » n'est pas de la vantardise mais le fier aveu d'une vision du monde désireuse de connaître. » Si « fier » que lorsqu'on s'inscrit en ligne sous la rubrique « Je m'identifie comme un brillant, » la page Web de Dennett vous promet la confidentialité. — JB

« Obama insiste que la loi de 1996 de Clinton abolissant « l'aide sociale comme nous la connaissons » demeure un « pilier de toute politique sociale — malgré le fait que ses conséquences brutales sont accentuées par la dépression capitaliste qui se développe à petit feu. »

J. SCOTT APPLEWHITE/AP PHOTO

En haut. Le président Clinton signe la loi mettant fin au programme d'Aide aux familles avec enfants à charge. Deux décennies plus tard, seulement 26 pour cent des familles vivant sous le seuil de pauvreté officiel des États-Unis reçoivent une aide en espèces — contre 68 pour cent en 1996.

PAUL SANCYA/AP PHOTO

JOHN GRESS/REUTERS

« La méritocratie est mortifiée à l'idée d'être identifiée avec les travailleurs — caucasiens, noirs ou latinos. Son attitude va de la condescendance mielleuse au mépris occasionnel et spontané. Avant tout, elle a peur d'être dirigée un jour par la majorité laborieuse. »

En haut. Faisant campagne en Virginie occidentale en mai 2016, Hillary Clinton présente ses excuses au mineur licencié Bo Copely (à l'extrême gauche) pour avoir fait une déclaration « inexacte ». Elle avait dit en mars que si elle était élue présidente, elle « laisserait sans travail beaucoup de mineurs et forcerait à fermer beaucoup d'entreprises de charbon » afin de réduire les émissions de CO_2.

En bas. Chicago, juin 2008. Alors candidat démocrate à la présidence US, Barak Obama s'adresse à l'assemblée de l'Église apostolique de Dieu de Chicago à l'occasion de la fête des Pères. « N'importe quel idiot peut faire un enfant, » a-t-il dit en blâmant les parents qui sont noirs pour les conditions sociales auxquelles font face leurs enfants aujourd'hui.

« populistes » ignorants, irritables, chauvins, fanatiques des armes à feu, centrés sur la famille et religieux — autrement dit, des « populistes » stupides.

C'est une question de classe

Cette « méritocratie », faute d'un meilleur terme, est en grande partie ce que Richard J. Herrnstein et Charles Murray décrivaient au milieu des années 1990 dans leur livre *The Bell Curve*. Ils ont tenté dans ce livre de fournir une justification « scientifique » de la croissance rapide des revenus et des privilèges de classe de cette couche sociale particulière de la classe moyenne aux États-Unis.

Les auteurs ont écrit que, même si des différences idéologiques, au moins verbales, continueraient à distinguer les « libéraux » des « conservateurs » et les « intellectuels » des « gens aisés » (« gens aisés » est leur jargon pour parler de la classe capitaliste et de ses hauts cadres et professionnels), ces « vieilles divisions » avaient en réalité commencé à « s'estomper » sur les questions de classe les plus fondamentales. Les auteurs de *The Bell Curve* écrivent :

> Il y a intérêts théoriques et intérêts pratiques. Le best-seller du professeur de Stanford peut être une diatribe contre le système punitif de la justice criminelle, mais cela ne veut pas dire qu'il ne vote pas avec ses pieds en déménageant dans un quartier sûr. Ou bien son livre peut être une attaque cinglante contre les normes familiales dépassées, mais cela ne veut pas dire qu'il n'agit pas comme un père traditionnel en prenant soin des intérêts de ses enfants — et si cela veut dire envoyer ses enfants

dans une école privée blanche comme neige pour qu'ils reçoivent une bonne éducation, qu'il en soit ainsi. Pendant ce temps, l'homme qui possède une chaîne de magasins de chaussures peut être politiquement à droite du professeur de Stanford, mais il recherche le même quartier sûr et la même école de qualité pour ses enfants. [...] Lui et le professeur ne sont peut-être pas si éloignés l'un de l'autre lorsqu'il s'agit de savoir comment ils veulent vivre leur propre vie personnelle et comment le gouvernement pourrait servir ces importants intérêts communs.

Ce que nous pouvons ajouter, un fait que Richard J. Herrnstein et Charles Murray savaient déjà, c'est que ni les écoles privées ni les « quartiers sûrs » ont encore besoin d'être « blancs comme neige. » En fait, même bien avant la publication de *The Bell Curve*, ce n'était certainement pas le cas du quartier de classe moyenne de Hyde Park à Chicago, l'adresse la plus récente de Barack et Michelle Obama, où ils ont envoyé leurs deux filles dans une école primaire privée dont les frais de scolarité combinés s'élevaient à près de 40 000 $ par année (une somme supérieure au revenu annuel d'environ la moitié de toutes les familles de Chicago et au moins de 40 pour cent des familles aux États-Unis).

C'est l'immersion confortable de Barack Obama dans ce milieu arrogant, satisfait de soi et à mentalité bourgeoise qui est responsable des quelques « gaffes » qu'il a commises pendant la campagne présidentielle de 2008. Comparativement aux autres candidats démocrates et républicains dans les primaires, Obama a été prudent et discipliné pendant la campagne. Il était déterminé à ne pas laisser la négligence couler ses ambitions. Voilà pourquoi ses lapsus sont révélateurs.

Par exemple, il y a ses commentaires dont on a beaucoup parlé lors d'une activité de levée de fonds en avril 2008, quand il s'adressait à un petit groupe de partisans dans une maison du quartier huppé de Pacific Heights à San Francisco. Le candidat démocrate était tellement à l'aise en cette compagnie qu'il a baissé sa garde, donnant libre cours à ses préjugés de classe que tout le monde a pu entendre.

Les travailleurs des petites villes de Pennsylvanie où il venait juste de faire campagne, a dit Obama, et de « nombreuses petites villes du Midwest » ont vu les possibilités d'emploi se réduire depuis longtemps. « Celles-ci ont chuté pendant l'administration Clinton, puis pendant l'administration Bush. Et chaque administration successive a dit que ces communautés allaient s'en remettre, ce qu'elles n'ont pas fait. Et il n'est donc pas surprenant que les gens deviennent amers et qu'ils s'accrochent aux fusils, à la religion, à l'antipathie envers les gens qui ne sont pas comme eux, à un sentiment anti-immigrés ou à un sentiment contre le commerce comme une façon d'expliquer leurs frustrations. »

Les travailleurs, voyez-vous, peuvent être « amers », d'intolérants fanatiques des armes à feu, des forcenés de la bible et des chauvins, mais cela n'est pas « surprenant » étant donné que nous sommes si coupés du monde, si abattus et démoralisés ! (En fait, n'est-il pas difficile d'imaginer une « petite ville » plus coupée du monde que certains quartiers de San Francisco ? Ou que le Upper West Side de Manhattan ? Ou que le Hyde Park de Barack Obama lui-même à Chicago ?)

Mais les paroles d'Obama dans Pacific Heights étaient plus qu'un faux pas momentané, ce que toute sa présidence a confirmé de manière répétée. Lorsqu'il a pris la parole par exemple en 2011 à une autre réunion sélecte de riches bailleurs de fonds, cette fois à Brentwood en Californie, le président démocrate a noté avec arrogance : « Quand je parle à du monde ordinaire, ils ne portent pas toujours attention. Si vous leur posez une question sur Medicare, ils vont dire : « J'adore ce programme, mais je préférerais que le gouvernement ne s'en mêle pas. »

Dans son discours sur l'« État de l'Union » de janvier 2016, dans une allusion à peine voilée à ceux qui sont attirés par le candidat républicain Donald Trump, Obama a dit : « À mesure que s'accroît la frustration, des voix s'élèveront pour retourner à nos tribus respectives, pour tourner en boucs émissaires des concitoyens qui ne nous ressemblent pas, ne prient pas comme nous, ne votent pas comme nous ou ne partagent pas la même provenance. » (Peu importe la couleur de notre peau, quelle « même provenance » la plupart des travailleurs « partagent »-ils avec la grande majorité de ceux qu'on retrouve dans les hautes sphères des branches exécutive, judiciaire et législative du gouvernement capitaliste US aujourd'hui, et dans ses agences et services de « réglementation » qui se multiplient ?)

Corruption bourgeoise de l'action affirmative

Le fait qu'un nombre croissant des membres de cette couche sociale de l'« élite cognitive » sont aujourd'hui américains africains est quelque chose qui aurait été impossible il y a 30 ans. Il témoigne de l'expansion de la classe moyenne noire et de l'évolution des attitudes sociales dont nous avons déjà parlé.

Durant la deuxième moitié des années 1960, le concept d'égalité des droits devant la loi bourgeoise, pour lequel les luttes de masse pour les droits civils s'étaient battues et qu'elles avaient plus largement codifié, a été élargi pour inclure des *quotas* explicites et transparents dans l'embauche, l'admission à l'université et les promotions. C'est ce qui a fini par être connu comme l'action affirmative. Cette dernière a aidé à faire tomber les barrières qui avaient longtemps empêché un grand nombre d'Américains africains d'atteindre un tel statut social.

Au cours des mêmes années, les révoltes urbaines des prolétaires qui sont noirs à Harlem, Watts, Chicago, Newark, Détroit et dans de plus petites villes à travers le pays et la montée de la conscience et des organisations nationalistes noires ont convaincu les dirigeants US qu'ils avaient intérêt à concéder plus que l'égalité formelle. Du moins pour un temps, ils ont dû accepter le besoin de quotas. Le terrain conquis par la classe ouvrière, y compris dans certains cas par le biais de nos syndicats, a été enregistré dans des victoires comme la décision *Weber* de 1979.

Aujourd'hui, les couches privilégiées de la classe moyenne dont fait partie le président en poste sont fières d'« être aveugles aux couleurs » d'une manière qui est nouvelle pour la société bourgeoise aux États-Unis. Le ciment qui les unit n'est pas la couleur, mais la classe sociale — ou, pour être plus précis, leur consolidation dans *une certaine section* d'une classe sociale. Et il n'est pas rare de voir certains d'entre eux qui sont noirs, latinos ou des femmes remarquer que, dans leurs propres cas personnels, *ils* en sont arrivés là où *ils* sont, ou auraient pu y arriver, sans le moindre besoin d'action affirmative.

Résultat d'une victoire de la classe ouvrière et de la lutte de masse pour les droits des Noirs, l'action affirmative était à l'origine un cours d'action visant à unifier les travailleurs et les opprimés, de façon à renforcer nos syndicats et nos luttes contre la classe des employeurs et son gouvernement. Mais en peu d'années, celle-ci a été considérablement corrompue, se transformant en outil de division capitaliste profitant aux couches les plus privilégiées des Noirs, des femmes et d'autres secteurs opprimés de la population — celles qui cherchent à accéder à la méritocratie. Son répondant politique a été la tentative de supprimer le débat civil en brandissant la matraque de la « rectitude politique » si détestée par les travailleurs, une réaction de classe dont a su profiter le candidat présidentiel Donald Trump en 2016.

Une grande partie de la bourgeoisie pense aujourd'hui que ce qu'elle appelle l'action affirmative (qui a peu à voir avec son contenu social et de classe original) est nécessaire pour maintenir et reproduire des relations sociales bourgeoises stables. La principale fonction de ces mesures, telles que la bourgeoisie en est venue à les appliquer, est de renforcer les illusions dans la démocratie impérialiste (soit l'idée que « même un Noir peut devenir président des États-Unis »). Elle les utilise pour diviser encore plus selon des lignes de classe les Américains africains et les autres couches victimes d'oppression nationale et pour approfondir le ressentiment et les divisions au sein de la classe ouvrière dans son ensemble.

En même temps, alors que reculent tous les deux le mouvement ouvrier et la lutte pour les droits des Noirs, la classe dirigeante a commencé à reprendre une partie du terrain qu'elle avait dû concéder. La Cour suprême a rendu des jugements qui, selon les mots d'une décision rendue en janvier 1989, limitent de plus en plus « l'utilisation de quotas raciaux rigides. » À la suite d'un autre jugement de la Cour suprême en 1995, l'administration Clinton a émis un mémorandum appelant à l'élimination de tout programme qui crée « un quota, » « des avantages pour des individus non qualifiés » ou « une discrimination à rebours. » Ce sont là trois vieux cris de guerre des opposants aux victoires obtenues de haute lutte pour renforcer l'unité et la solidarité de la classe ouvrière, comme la décision *Weber*.

Tout en concédant à la faculté de Droit de l'Université du Michigan le droit de continuer à prendre des mesures discrétionnaires pour maintenir « la diversité au sein du corps étudiant, » un jugement de la Cour suprême de 2003 a statué en même temps que « les universités ne peuvent adopter des quotas pour les membres de certains groupes raciaux ou ethniques ou les canaliser dans des voies d'admission distinctes. »

Les communistes et les autres travailleurs d'avant-garde s'opposent sans conditions à la remise en question de tout gain réalisé par les travailleurs pour réduire des pratiques racistes et anti-femmes dans l'embauche, la promotion, le licenciement et l'admission à l'université. En même temps, nous ne donnons aucun soutien politique à la façon dont la bourgeoisie a de plus en plus souvent appliqué au cours des deux dernières décennies ce qu'*elle* appelle l'action affirmative. Si la lutte de classe n'avance pas, le fonctionnement même des relations sociales capitalistes finit par pervertir des gains comme la décision *Weber* en les transformant en programmes fournissant une clé en or à quelques individus pour entrer dans un club fermé placé plus haut dans l'échelle des revenus de la société US.

> ## La décision *Weber*,
> ## un gain pour la classe ouvrière
>
> En juin 1979, la Cour suprême a confirmé un accord négocié par les Métallurgistes unis d'Amérique avec l'entreprise Kaiser Aluminum. Afin d'améliorer les possibilités d'embauche des travailleurs visés par une discrimination de longue date, l'entente a établi un quota réservant aux femmes et aux Noirs la moitié des places dans un nouveau programme de formation professionnelle. Le tribunal a rejeté les arguments des avocats de Brian Weber, un travailleur à l'usine de la Kaiser à Gramercy en Louisiane, selon lesquels il avait été illégalement exclu du programme de formation parce qu'il était blanc.
>
> Avant cette entente avec les Métallos, alors que 39 pour cent des travailleurs de l'usine de Gramercy étaient américains africains, seulement 5 des 273 emplois qualifiés y étaient occupés par des travailleurs noirs et aucun par une femme. À l'époque, les travailleurs socialistes et d'autres ont activement fait campagne dans le pays et le mouvement ouvrier avec la brochure des éditions Pathfinder intitulée *The Weber Case: New Threat to Affirmative Action; How Labor, Blacks, and Women Can Fight for Equal Rights and Jobs for All* [L'affaire Weber : une nouvelle menace contre l'action affirmative ; comment les syndicats, les Noirs et les femmes peuvent lutter pour l'égalité des droits et des emplois pour tous]. Le prix en était de 0,75 $ US.

Aussi longtemps que les relations capitalistes existeront, la lutte pour des *quotas* dans l'embauche, la

« L'action affirmative a été gagnée par le mouvement des Noirs et les syndicats comme un outil pour unifier la classe ouvrière. Les travailleurs ayant une conscience de classe s'opposent à toute remise en question de gains qui réduisent la discrimination raciste ou contre les femmes. Mais nous nous opposons à la façon dont la bourgeoisie a perverti l'action affirmative en un outil qui profite aux couches les plus privilégiées. »

JOHN COBEY/THE MILITANT

En haut. Février 1979. Des grévistes dressent un piquet devant le chantier naval de Newport News, en Virginie. Cette bataille victorieuse pour la reconnaissance du syndicat des Métallos a montré comment les victoires pour les droits des Noirs avaient renforcé la classe ouvrière et le mouvement syndical.

En médaillon. Brochure utilisée par les travailleurs socialistes en réponse à la tentative de Brian Weber, un employé de Kaiser Aluminium, d'éliminer l'action affirmative du contrat syndical en disant que c'est de la « discrimination à rebours. » Beaucoup de syndicats ont défendu les mesures contenues dans le contrat et, en juin 1979, la Cour suprême a rejeté les arguments de Weber.

promotion et l'admission scolaire — c'est-à-dire des objectifs chiffrés clairement énoncés ou des listes distinctes pour ceux qui font face à l'oppression sur la base de leur race ou de leur sexe — demeureront un élément indispensable pour forger la solidarité de classe sur la voie conduisant à la lutte révolutionnaire de la classe ouvrière pour prendre le pouvoir d'État, le garder et aider ceux qui luttent partout dans le monde pour faire la même chose.

Du mépris pour les travailleurs qui sont noirs
Ce qui est si instructif quant à l'identification de classe de Barack Obama et de ceux de son milieu, peu importe leur race ou leur sexe, ce n'est pas seulement une vision condescendante des travailleurs qui sont caucasiens. Lorsqu'il s'agit des travailleurs qui sont noirs, l'attitude d'Obama est tout aussi méprisante, sinon pire.

Prenez par exemple ses remarques lors de la fête des Pères en juin 2008 à l'Église apostolique de Dieu de Chicago, dont l'écrasante majorité des membres est américaine africaine. Une bonne part de la couverture médiatique de cet office religieux a porté sur les remarques du candidat démocrate à propos des pères absents, mais il a dit beaucoup plus que ça. Il a sermonné les membres de l'assemblée : « Ne vous contentez pas de rester assis à la maison à regarder « SportsCenter. » [...] Remplacez de temps en temps le jeu vidéo ou la télécommande par un livre. »

« Ne vous emballez pas pour une cérémonie de remise des diplômes de huitième année, » a dit Barack Obama dans cette église de Chicago. « Vous êtes *censés* obtenir le certificat de huitième année. » (C'est moins nocif pour les travailleurs et

> **Lénine sur la lutte du prolétariat contre l'oppression nationale**
>
> Dans les premières décennies du vingtième siècle, en réponse à la politique chauvine russe de plus en plus prononcée d'une caste sociale privilégiée montante au sein du gouvernement et de l'appareil du parti de la jeune république soviétique des travailleurs et des paysans, le dirigeant bolchevique V. I. Lénine a expliqué le caractère prolétarien des mesures visant à surmonter l'héritage d'oppression nationale dans un État ouvrier.
>
> Dans une lettre de décembre 1922 au prochain congrès du Parti communiste, Lénine a écrit que l'internationalisme « du côté de la nation qui opprime ou de la nation dite « grande » (encore qu'elle ne soit grande que par ses violences, grande simplement comme l'est par exemple le gardien de prison), doit consister non seulement dans le respect de l'égalité formelle des nations, mais encore dans une inégalité à travers laquelle la nation qui opprime, la grande nation, compenserait l'inégalité qui se manifeste en pratique dans la vraie vie.
>
> « Quiconque n'a pas compris cela n'a pas compris non plus ce qu'est l'attitude vraiment prolétarienne à l'égard de la question nationale : celui-là s'en tient, au fond, au point de vue petit-bourgeois et, par suite, ne peut que glisser à chaque instant vers les positions de la bourgeoisie [2]. »

les agriculteurs que de s'emballer pour un diplôme de droit obtenu à Yale ou Harvard. Mais ça, c'est une autre question.)

---

[2]. « Lettre au congrès, » Lénine, *Oeuvres complètes*, tome 36, p. 631.

Et puis il a ajouté avec dédain : « Nous avons besoin de pères qui comprennent que leur responsabilité ne s'arrête pas à la conception. Cela ne fait pas de vous un père. Ce qui fait de vous un homme, ce n'est pas la capacité d'avoir un enfant. N'importe quel idiot peut faire un enfant. Ça ne fait pas de vous un père. C'est le courage d'élever un enfant qui fait de vous un père. »

Trop de pères, a dit Obama, « ont abandonné leurs responsabilités, agissant comme des enfants et non comme des hommes. Et les bases de nos familles en sont plus fragiles. Vous et moi savons à quel point ceci est vrai dans la communauté américaine africaine. »

Quelques mois auparavant, s'adressant encore une fois à une assistance principalement composée d'Américains africains, Obama les avait sermonnés pour donner du « poulet Popeye froid » à leurs enfants au petit-déjeuner, contrairement, peut-on supposer, à ce que lui et Michelle font à la Maison-Blanche.

De tels commentaires sont répugnants. Obama tenait les membres individuels des familles noires (pas celles qui s'approprient la richesse que nous créons) pour principaux responsables de la qualité de l'enseignement, de l'alimentation et des soins de santé que reçoivent leurs enfants. « Si les pères font leur part, [...] notre gouvernement devra alors faire l'autre moitié du chemin. » La moitié ! Et seulement « si ».

Le même message condescendant et plein de préjugés de classe sur la « responsabilité personnelle » était au centre des propos d'Obama au congrès annuel de l'Association pour l'avancement des gens de couleur (NAACP) en juillet 2009 à New York, six mois après son investiture. Le simple fait, a-t-il dit, « d'être Américains africains, que les chances de grandir au milieu du crime et des gangs sont plus élevées [et] de vivre dans un quartier pauvre n'est pas une raison pour avoir de mauvaises notes, n'est pas une raison pour sécher l'école, n'est pas une raison pour laisser tomber votre éducation et abandonner vos études. [...] Pas d'excuse. Pas d'excuse. »

S'adressant aux parents qui sont noirs, Obama a poursuivi : « Vous ne pouvez simplement pas faire élever vos enfants en sous-traitance. Pour que nos enfants excellent, nous devons accepter notre responsabilité de les aider à apprendre. Ceci veut dire ranger la console du Xbox et mettre nos enfants au lit à une heure raisonnable. [...] Nos enfants ne peuvent tous aspirer à être [le joueur de basket-ball] LeBron James ou [le rappeur] Lil Wayne. Je veux qu'ils aspirent à être des scientifiques et des ingénieurs, des médecins et des enseignants, pas seulement des dribbleurs et des rappeurs. »

Clinton et Obama : démanteler
« l'aide sociale comme nous la connaissons »

Le caractère hypocrite et frauduleux du sermon donné par Barack Obama le jour de la fête des Pères en 2008 sur « les bases de nos familles » qui « s'affaiblissent » est devenu encore plus clair quelques semaines plus tard, lorsqu'il a participé à un forum présidentiel télévisé dans le sud de la Californie à l'Église Saddleback du révérend Rick Warren. Quand Warren lui a demandé quelle était « l'opinion la plus importante que vous défendiez il y a dix ans et que vous rejetez aujourd'hui, » Obama a immédiatement souligné son opposition à l'abolition en 1996 par l'administration Clinton et le Congrès de l'Aide aux familles avec enfants à charge (AFDC). Obama a dit qu'il « était beaucoup plus préoccupé il y a dix ans par les effets potentiellement désastreux de cette loi quand le président Clinton l'a signée. »

Mais en août 2008, quelques mois seulement avant l'élection présidentielle de novembre et quelques semaines avant l'explosion de la crise financière mondiale et de ses conséquences sur les emplois et les conditions de vie des travailleurs, Barack Obama était « absolument convaincu » que la « réforme de l'aide sociale » de Clinton devait rester un « pilier de toute politique sociale. »

Quel contraste avec la condamnation virulente qu'en avait faite une décennie plus tôt Daniel Patrick Moynihan, qui était alors sénateur US du Parti démocrate pour l'État de New York. S'adressant au Sénat en 1996, il avait décrit cette loi comme « le premier pas vers le démantèlement du contrat social mis en place depuis au moins les années 1930. » (Le « contrat social, » c'est ainsi qu'un universitaire bourgeois devenu politicien parle des concessions arrachées comme sous-produit des luttes ouvrières de masse qui ont forgé les syndicats industriels.) Moynihan est allé encore plus loin en décrivant cette loi comme « le geste de politique sociale le plus brutal depuis la Reconstruction. » Il aurait dû dire depuis la *défaite* sanglante de la Reconstruction.

Quels ont été les résultats depuis 1996 de ce que Barack Obama a appelé ce « pilier » libéral ? Un rapport de 2015 du Centre des priorités budgétaires et politiques en a résumé les conséquences brutales, accentuées par la nette contraction du taux de croissance de la production et du commerce capitalistes amorcée en 2008 — en fait, une dépression qui se développe à petit feu.

La loi de 1995 est loin d'avoir garanti aux femmes des emplois productifs avec de bons salaires. Celles qui en ont été exclues et ont été assez chanceuses pour se trouver un emploi ont été forcées d'accepter des emplois à faible salaire, non syndiqués, et avec peu ou pas d'avantages sociaux au niveau de la santé, de la retraite ou autrement. En 2013, le pourcentage des mères célibataires ouvrières avec un emploi s'élevait à 63 pour cent, exactement au même niveau qu'en 1996. Ceci signifie que 37 pour cent d'entre elles n'avaient *pas d'emploi*, ne serait-ce qu'un emploi avec des salaires, conditions de travail et avantages sociaux misérables.

Dans le cas des familles qui ont reçu une aide en espèces de l'organisme qui a succédé à l'AFDC, l'Aide temporaire aux familles dans le besoin (TANF), leur nombre a diminué de 60 pour cent durant cette période. Seulement 26 pour cent des familles vivant sous le seuil officiel de pauvreté du gouvernement US recevaient une aide en espèces de la TANF en 2013, comparativement à 68 pour cent en 1996.

Enchaînés à la dette

Alors que le revenu moyen de la méritocratie à mentalité bourgeoise a considérablement augmenté depuis les années 1960, les conditions de vie et de travail d'une majorité croissante du prolétariat de toutes les couleurs se sont énormément détériorées durant la même période. Il est vrai que l'écart entre les conditions économiques et sociales des travailleurs qui sont caucasiens et celles des travailleurs qui sont noirs a diminué, mais ce n'est pas parce que les temps sont meilleurs pour la plupart des Américains africains. La raison, c'est que les emplois, les salaires et le niveau de vie *ont baissé* pour une majorité croissante des travailleurs de toutes les couleurs de peau.

L'administration démocrate actuelle et la candidate à la présidence Hillary Clinton se vantent du fait que le taux de chômage officiel du gouvernement US est aujourd'hui près de la moitié de ce qu'il était à son sommet de 2009, peu après le début du mandat de Barack Obama. L'économie US « va drôlement bien aujourd'hui, » a déclaré Barack Obama lors d'une conférence de presse en mars 2016. Mais ce chiffre « officiel » cache la véritable crise de l'emploi des travailleurs aujourd'hui.

« Si l'écart entre les conditions économiques et sociales des travailleurs qui sont caucasiens et celles des travailleurs qui sont noirs a diminué depuis les années 1960, ce n'est pas parce que les temps sont tellement meilleurs pour la plupart des Américains africains. La raison, c'est que les emplois, les salaires et le niveau de vie ont baissé pour une majorité croissante des travailleurs de toutes les couleurs de peau. »

- Ce qu'on appelle le « taux de participation à la main-d'oeuvre, » soit le pourcentage de travailleurs qui font réellement partie de la force de travail aujourd'hui, a chuté depuis l'an 2000, passant de plus de 67 pour cent à environ 63 pour cent. En chiffres, ceci représente des millions de travailleurs qui ne font plus partie de la force de travail — malgré eux.
- Le pourcentage des travailleurs sans emploi que le gouvernement des États-Unis inclut dans les « sans emploi à long terme » (c'est-à-dire les sans emploi depuis 27 semaines ou

« Les travailleurs sont durement frappés par le cours de la classe dominante visant à faire flotter leurs profits sur une mer de dettes dans laquelle ils nous laissent nous noyer. »

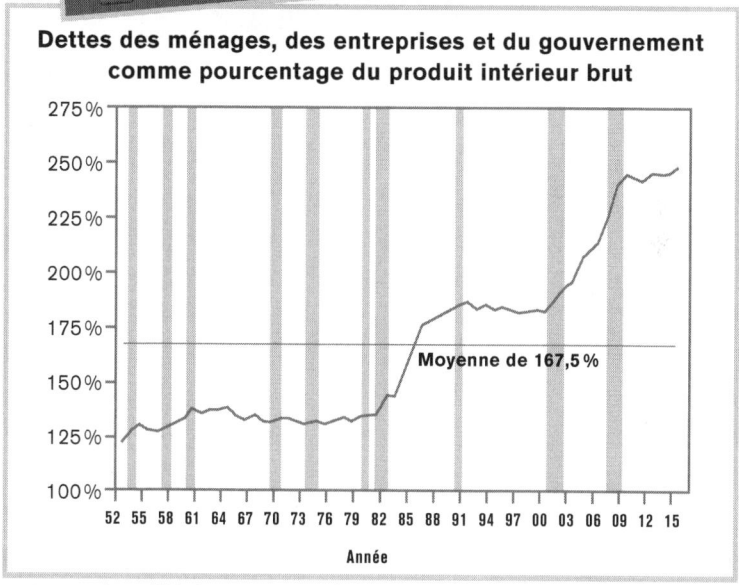

Source : Réserve fédérale et Bureau d'analyse économique, jusqu'au quatrième trimestre de 2015.

En haut. Publicité d'un détaillant automobile de la région de Québec, été 2016. « Les dirigeants US ont encouragé et leurré des couches grandissantes de travailleurs à s'endetter avec des cartes de crédit, des prêts étudiants, le « financement » de voitures et des hypothèques. »

plus) a bondi d'un peu plus de 15 pour cent en 2009 à près de 28 pour cent aujourd'hui.

• Malgré la chute de ce qu'on appelle souvent le taux de chômage « affiché » du gouvernement, celui des Noirs demeure de 75 à 80 pour cent plus élevé que celui des travailleurs qui sont caucasiens. Cet écart ne s'est pas rétréci.

Les travailleurs aux États-Unis sont aussi durement frappés par les conséquences désastreuses du cours qui a poussé la classe dominante dans les dernières décennies à faire flotter leur taux de profit sur une mer de dettes dans laquelle ils nous laissent *nous* noyer. Comment cela s'est-il produit ?

Depuis la fin des années 1960, les capitalistes ont subi des pressions renouvelées sur leur taux de profit moyen, qui a graduellement eu tendance à baisser. La première récession mondiale depuis les années 1930 a eu lieu en 1974-1975. Devant ce ralentissement de plus de quatre décennies de l'accumulation de capital, la classe dirigeante a freiné les dépenses visant à accroître à grande échelle les capacités productives et l'emploi de travailleurs.

Dans l'espoir de stimuler l'accumulation de capital, les serviteurs politiques de la classe dominante à la Maison-Blanche et au Congrès, aussi bien démocrates que républicains, ainsi que la Réserve fédérale américaine, ont massivement stimulé le recours au crédit. Ils ont injecté des milliers de milliards de dollars dans les banques de l'ensemble du système financier impérialiste et encouragé un niveau d'effet de levier qui ferait rougir Las Vegas.

Parmi les premières cibles des banques au début des années 1980, on trouve les pays opprimés d'Amérique latine, d'Afrique et d'Asie ainsi que les petits agriculteurs aux

États-Unis. Les gouvernements capitalistes dans le monde semi-colonial ont été de plus en plus poussés vers le défaut de paiement (et à exercer des pressions impitoyables contre les travailleurs), alors que les agriculteurs aux États-Unis ont fait face à la saisie ou à la perte de la terre qu'ils travaillaient.

Simultanément, les dirigeants US ont aussi encouragé et leurré des couches grandissantes de travailleurs à s'endetter considérablement avec des cartes de crédit, des prêts étudiants, le « financement » de voitures, le crédit hypothécaire et des « prêts sur la valeur nette des propriétés. » Avec la baisse des salaires réels, un nombre de plus en plus grand d'entre nous n'avons plus rien ou presque rien à la fin du mois pour rembourser les intérêts et le principal sur ces prêts. Nous ne pouvons payer les factures.

Pour paraphraser la vieille chanson de Tennessee Ernie Ford, de plus en plus de travailleurs « devons notre âme au magasin de la compagnie. »

Encourager « l'accession à la propriété » est devenu l'une des méthodes préférées des capitalistes pour enchaîner les travailleurs à la dette. Aussi bien l'administration Clinton que celle de George W. Bush ont poussé sans répit les travailleurs à accepter des prêts, qu'on a fini par appeler « à risque » (*subprime*), pour acheter des maisons et des appartements : prêts « à petit acompte » (ou même « sans acompte »), financement « à taux variables » et autres formes à haut risque d'asservissement à la dette. Les banques sollicitaient ce qu'on a fini par cyniquement appeler des « prêts de menteurs » : le prêteur et l'emprunteur s'échangeaient un clin d'oeil au moment de remplir les dossiers de crédit hypothécaire ; par la suite évidemment, les débiteurs finissaient par se faire laver alors que les banquiers s'en sortaient comme des bandits. Ce cours a pris des proportions étourdissantes avant de s'écrouler en 2007-2008 quand des millions de familles ouvrières ont perdu leur maison.

« Les familles dirigeantes ont tiré un avantage politique de ces grandes « aubaines » hypothécaires. Sous le capitalisme, posséder une maison renforce l'illusion que nous sommes aussi des « détenteurs de propriété. » Cela mine notre solidarité de classe en élevant les rapports avec les « autres propriétaires » au dessus de ceux que nous avons avec les autres travailleurs. »

Les grandes « aubaines » à l'achat de maisons avaient aussi un avantage de classe *politique* pour les familles dirigeantes. Ces dernières comprennent que sous le capitalisme, posséder une maison a un impact conservateur sur les travailleurs et les opprimés. Cela renforce l'illusion que, nous aussi, nous sommes des « détenteurs de propriété » ayant un intérêt dans le système capitaliste.

Ainsi que l'ancien président de la Réserve fédérale américaine Alan Greenspan l'a écrit avec franchise en 2007 : « J'étais conscient que l'assouplissement des conditions du crédit immobilier pour les emprunteurs à haut risque augmentait le risque financier et que les programmes d'aide à l'accession à la propriété faussent le marché. Mais je croyais alors, comme aujourd'hui, que les avantages d'élargir la propriété domiciliaire en valent le risque [*pour la classe dirigeante !* — JB]. La protection des droits de propriété, indispensable à une économie de marché, nécessite une masse critique de propriétaires pour lui assurer un soutien politique [3]. » Posséder une maison soumet les travailleurs à de lourds paiements hypothécaires et à des dépenses sans fin en temps et en argent pour l'entretenir et la réparer. Cela mine nos habitudes de solidarité de classe en élevant les rapports que nous avons et les problèmes que nous partageons avec les « autres propriétaires » et les « autres contribuables fonciers » au-dessus de ceux que nous avons et partageons avec les autres travailleurs.

Cela nous rend moins mobiles. Cela nous rend moins *libres*, comme l'a souligné Engels, davantage liés à la terre sur laquelle l'« immobilier » se trouve. Dans sa brochure de 1873 sur *La question du logement*, il a expliqué qu'un titre de propriété immobilière (sentimentalement appelé propriété de « sa maison » par ses partisans bourgeois, qui ajoutent avec un cynisme consommé une touche larmoyante à toute leur démagogie) est « une entrave » pour les travailleurs dans la société capitaliste. « Procurez-leur des maisons qui leur appartiennent, a écrit Engels, enchaînez-les à nouveau à la terre, et vous briserez leur force de résistance […] en cas de grève sérieuse ou de crise industrielle généralisée [4]. »

Sous-produit des luttes ouvrières

Parmi les sous-produits des batailles ouvrières qui ont forgé les syndicats industriels dans les années 1930 et de

---

3. Alan Greenspan, *The Age of Turbulence: Adventures in a New World*, New York, Penguin, 2007, p. 233.

4. Friedrich Engels, « La question du logement, » Karl Marx et Friedrich Engels, *Oeuvres choisies en trois volumes*, tome II, Moscou, éditions du Progrès, 1970, p. 347.

la lutte à direction prolétarienne pour les droits des Noirs dans les années 1950 et 1960, il y a des programmes gouvernementaux dont dépend la classe ouvrière en plus de ce que nous recevons en salaire d'un employeur privé ou gouvernemental.

Les pensions de la Sécurité sociale par exemple ont été concédées par les dirigeants capitalistes en 1935, pendant la montée de grandes batailles syndicales. Les programmes Medicare et Medicaid ont été établis en 1965 comme conséquences immédiates de la pression venant du mouvement qui a renversé Jim Crow et des soulèvements urbains qui ont secoué le pays et la confiance de la classe dirigeante. Et en 1972, le programme d'Allocation supplémentaire de revenu de sécurité (SSI) a été mis en place pour les aveugles, les handicapés et les personnes âgées, une autre conséquence de ces luttes.

La loi sur la Sécurité sociale de 1935 comprenait de faibles suppléments de retraite pour beaucoup de travailleurs, la mise en place de programmes fédéraux d'assurance-chômage et d'indemnités pour les travailleurs victimes d'accidents de travail, et une aide aux enfants à charge (versée aux mères éligibles). Cette législation avait été élaborée par l'administration Roosevelt pour servir les besoins du capital en *limitant* autant que possible les concessions. Par exemple, non seulement les allocations de retraite étaient-elles partiellement financées par un prélèvement sur le salaire des travailleurs (une mesure régressive et anti-ouvrière), mais les sommes minimes qui étaient versées étaient censées ne constituer qu'un menu supplément à ce que les travailleurs pouvaient eux-mêmes épargner pour leurs vieux jours (généralement rien) ou recevoir de leurs fils et filles adultes.

« Parmi les sous-produits des batailles ouvrières qui ont forgé les syndicats industriels dans les années 1930 et de la lutte à direction prolétarienne pour les droits des Noirs des années 1950 et 1960, il y a des programmes gouvernementaux comme la Sécurité sociale dont dépendent les travailleurs en plus de ce que nous recevons en salaire d'un employeur. »

SOCIÉTÉ HISTORIQUE DU MINNESOTA

BIBLIOTHÈQUE DU CONGRÈS

En haut. Les grèves combatives victorieuses des Teamsters à Minneapolis au Minnesota en 1934, parallèlement aux actions des dockers en Californie et des travailleurs de l'automobile en Ohio, ont ouvert la voie aux travailleurs pour former des syndicats dans toute l'industrie de base.

En bas. Harlem, mars 1965. 15 000 personnes manifestent en solidarité avec les actions pour le droit de vote à Selma en Alabama, où la police a brutalement attaqué les participants d'une marche.

Qui plus est, étant donné que l'espérance de vie en 1935 était inférieure à 62 ans et tout juste sous la barre de 60 ans chez les hommes, les allocations de retraite que le gouvernement s'attendait à verser à partir de 65 ans seraient limitées — en fait, pas un sou dans près de la majorité des cas !

> « Ce sera seulement lorsque l'action de la classe ouvrière déracinera les relations sociales capitalistes sur la voie menant à la conquête du pouvoir d'État, ce sera seulement lorsque la contrainte économique, le salariat, cessera d'être le fondement de toute relation sociale que de nouveaux rapports humains émergeront. »

Les allocations de Sécurité sociale n'avaient pas comme objectif de défendre et renforcer la classe ouvrière. Elles ne retournaient aux travailleurs qu'une fraction de la richesse produite par notre travail social. La Sécurité sociale visait à renforcer la responsabilité des familles de répondre aux besoins des jeunes, des personnes âgées, des handicapés et des malades, y compris en renforçant la norme sociale voulant que la place des travailleuses avec enfants à charge est à la maison. (Je dis travailleuses parce que les familles bourgeoises ont toujours embauché ou retenu une cohorte de nourrices, de bonnes d'enfants, de tuteurs et même de promeneurs de chien — ces derniers étant les pendants comiques au vingt et unième siècle des anciens employés d'écurie de la bourgeoisie.)

Toutes les sornettes moralisatrices des dirigeants capitalistes et de leurs porte-parole sur la « défense de la famille ouvrière » ne servent qu'à dégager les riches familles de la classe dirigeante et leurs institutions gouvernementales de toute responsabilité *sociale* pour l'alimentation, l'habillement, l'éducation, les soins de santé, le logement, le transport et plus. C'est la bannière derrière laquelle on impose ces responsabilités aux travailleurs individuels — c'est-à-dire en premier lieu aux femmes.

Ce sont ces relations sociales capitalistes qui sont la source d'autant de misère individuelle et « familiale » aujourd'hui. Ce sera seulement lorsque nous, les classes laborieuses, nous les déracinerons dans l'action révolutionnaire sur la voie menant à la conquête du pouvoir d'État ; ce sera seulement lorsque la contrainte économique — le salariat, le « lien de l'argent comptant » — cessera d'être le fondement de toute relation sociale que de nouveaux rapports humains finiront par émerger.

Les travailleurs et nos syndicats ont un intérêt vital non seulement à défendre ce pour quoi nous nous sommes battus et avons arraché à la classe patronale, mais par-dessus tout à construire un mouvement de masse social et politique de la classe ouvrière *pour étendre ces gains comme des droits universels pour tous* et non pas comme une oeuvre de charité accordée seulement à ceux qui peuvent démontrer en avoir besoin. Par notre travail, la classe ouvrière dans ce pays et dans le monde produit plus de richesses que nécessaires pour fournir pendant toute sa vie éducation, services de santé, logement et retraite à chaque être humain sur la terre.

Chaque pas vers une politique sociale « centrée sur la famille » au lieu d'un cours prolétarien indépendant pour faire avancer les intérêts historiques des travailleurs, y compris le droit de chaque femme à la liberté de reproduction ;

Chaque pas franchi vers une « carrière » par des jeunes « talentueux » issus de la classe ouvrière comme une façon de monter dans l'échelle sociale (et de *sortir* de leur classe) ;

Chaque pas vers des oeuvres de bienfaisance financées par l'État et « basées sur la foi » (et l'administration Obama a suivi les traces de Bush sur ce dernier front) au lieu d'une éducation, d'une retraite et de soins de santé garantis par le gouvernement comme *des droits sociaux universels de la classe ouvrière* ;

Chaque pas vers un resserrement du piège de l'esclavage de la dette hypothécaire (c'est-à-dire vers la « propriété de sa maison » sous le capitalisme) par opposition à un mouvement social révolutionnaire des travailleurs qui exige la nationalisation de la terre et du parc immobilier tout en luttant pour des logements confortables, spacieux et à prix abordables pour tous ;

Chacun de ces pas affaiblit la classe ouvrière et le mouvement ouvrier tout en renforçant la main de la classe dirigeante, qui cherche à rejeter la responsabilité des maux croissants de l'ordre capitaliste mondial sur des sections de notre classe et sur d'autres boucs émissaires.

Chacun de ces pas porte un coup à ce pour quoi les travailleurs, y compris les Noirs, les femmes et ceux qui sont nés à l'étranger, ont lutté et qu'ils ont conquis depuis la guerre civile et la Reconstruction radicale, en passant par le mouvement social de masse qui a construit les syndicats industriels, jusqu'aux luttes menées par les Noirs des années 1950 au début des années 1970, luttes qui ont planté une épée dans le coeur de Jim Crow et profondément bénéficié à tous les travailleurs aux États-Unis.

Le capitalisme, la classe ouvrière et la transformation de l'apprentissage

« L'homme atteint réellement sa pleine condition humaine lorsqu'il produit sans la contrainte de la nécessité physique de se vendre comme marchandise. »

Ernesto Che Guevara

« Il n'y a pas d'« éducation » au-dessus des classes dans la société capitaliste. Les écoles pour la classe ouvrière et les écoles pour la classe dirigeante sont des institutions qualitativement différentes. »

En haut. Assemblage de camions en 2014 à l'usine Navistar en Ohio.
En bas et en médaillon. Dans beaucoup d'écoles aux États-Unis, les élèves commencent par faire la queue pour passer aux détecteurs de métaux avant d'entrer en classe. Ici, une école secondaire à Hazleton en Pennsylvanie, en août 2012. L'affiche dit que c'est obligatoire.

Le capitalisme, la classe ouvrière et la transformation de l'apprentissage

GERARDO SÁNCHEZ : Une chose que j'ai parfois du mal à expliquer aux étudiants intéressés lorsque je fais des tables de livres sur les campus, c'est pourquoi ils devraient soutenir les luttes syndicales. Certains d'entre eux disent par exemple que beaucoup de travailleurs ont un salaire net plus élevé que ce que certains diplômés arrivent à gagner.

« Pourquoi devrais-je faire des études, demandent certains étudiants, payer 30 000 $ ou un montant du genre pour obtenir un diplôme, et puis trouver un emploi à 7 $ ou 8 $ de l'heure alors que les mineurs, les travailleurs de

---

L'échange qui suit s'est déroulé le 10 avril 1993, pendant la période de discussion qui a suivi une présentation de Jack Barnes à une conférence de formation socialiste tenue à Greensboro en Caroline du Nord. Il a d'abord été publié dans *Le désordre mondial du capitalisme : la politique ouvrière au millénaire*, un recueil de présentations de Jack Barnes paru en 2000. La même année, il a aussi été publié séparément sous forme de brochure sous le titre *La classe ouvrière et la transformation de l'éducation : l'imposture de la réforme de l'école sous le capitalisme*. Cette brochure a été traduite en une demi-douzaine de langues (espagnol, français, farsi, grec, suédois et islandais) et plus de 20 000 exemplaires en ont été vendus à travers le monde.

l'automobile et d'autres syndiqués gagnent 12 $ ou 15 $ de l'heure [20 $ à 25 $ en dollars de 2016] ? Les travailleurs n'ont pas fait d'études universitaires et moi, si. Pourquoi devrais-je soutenir leur grève quand ils gagnent déjà autant d'argent ? »

Je trouve que certains jeunes pensent qu'ils n'ont aucun avenir après leurs études et qu'ils sont influencés par ce genre de positions antisyndicales bourgeoises et de droite. Pourriez-vous dire quelques mots là-dessus ?

JACK BARNES : Entre autres choses, les étudiants dont vous parlez ont une notion exagérée de ce que gagne un travailleur moyen, y compris les travailleurs syndiqués. Ils semblent aussi mystifiés par deux fausses notions.

La première, c'est qu'il existerait un lien quelconque entre les véritables compétences acquises à l'université et le revenu des diplômés. Il n'y en a aucun.

La deuxième, c'est qu'il y aurait une sorte de « gâteau des revenus » fixe, où les salaires plus élevés d'un groupe de travailleurs impliquent des salaires plus bas pour tous les autres. C'est un mythe promu par les capitalistes pour protéger leurs profits et leurs taux de profit en cherchant à dresser les travailleurs les uns contre les autres.

La vérité, c'est que les salaires n'ont rien à voir avec la valeur des marchandises que produisent les travailleurs ou le service que nous offrons. Dans une large mesure, les salaires sont déterminés à partir de ce que la classe ouvrière, à travers son organisation et ses luttes, a été capable d'établir et de défendre à long terme comme le niveau de vie minimum socialement acceptable. C'est ce dont parlait Karl Marx quand il expliquait dans *Le Capital* que, contrairement aux « autres marchandises, la force de travail renferme donc, au point de vue de la valeur, un élément moral et historique [1]. » Une lutte du mouvement syndical pour augmenter les salaires, y compris le salaire minimum fédéral, crée un meilleur rapport de force entre les classes pour que tous les travailleurs obtiennent un meilleur salaire et des conditions de travail plus sécuritaires. Et si les travailleurs sous le capitalisme ne sont pas organisés en syndicats afin de défendre leurs intérêts de classe et les faire avancer, a expliqué Friedrich Engels en 1881, alors ils ne recevront « même pas ce qui [leur] est dû selon les lois du système des salaires [2]. »

> « Le but de l'éducation dans la société de classe n'est pas d'éduquer. Il est de faire croire aux « éduqués » qu'ils ont intérêt à penser qu'ils seront différents des autres gens qui travaillent toute leur vie. »

Ces questions sont des questions de classe, pas des questions portant sur le niveau de scolarité d'un individu. Le but de l'éducation dans la société de classe n'est pas d'éduquer. Le but de l'éducation, c'est de faire croire aux « éduqués » qu'ils ont intérêt à penser qu'ils seront différents des autres gens qui travaillent toute leur vie — mieux lotis, plus « cols blancs. » En le faisant, la classe dirigeante espère transformer ceux qui arrivent à obtenir un diplôme universitaire

---

1. *Le Capital,* livre premier, éditions du Progrès, p. 172-173.

2. « The Wages System » dans Karl Marx and Frederick Engels, *Collected Works,* vol. 24, p. 381.

en partisans plus fiables du statu quo. Ils veulent que vous soyez à l'aise lorsque vous surveillez, « orientez » et mettez les travailleurs à l'essai — directement ou indirectement. Ils veulent pouvoir compter sur vous comme un partisan stable du système capitaliste. Ce n'est pas de l'éducation. C'est de la confusion et de la corruption.

Des couches sociales entières — avocats et autres soi-disant professionnels — perçoivent des revenus très élevés simplement parce qu'ils peuvent accrocher au mur un bout de papier dont l'État rend l'obtention difficile. À cause du monopole qu'elles détiennent sur ces fonctions dans la structure de classe et l'ordre hiérarchique de la société capitaliste, ces professionnels et d'autres couches de la classe moyenne perçoivent une « rente », un pot-de-vin, de la bourgeoisie. Ils vivent d'une portion des fruits de l'exploitation des travailleurs, des petits agriculteurs et des autres producteurs laborieux.

C'est une autre fonction de l'éducation sous le capitalisme. Elle donne à certaines couches sociales privilégiées un *permis* pour obtenir un revenu plus élevé, un *permis* pour obtenir une part de la plus-value que nous, travailleurs, nous produisons avec notre travail. La plus-value que nous créons est bien plus importante que les salaires que nous paient les capitalistes. En plus des parts de la plus-value que les propriétaires du capital industriel, bancaire, commercial et foncier se partagent entre eux (en se faisant concurrence) sous forme de bénéfices, d'intérêts et de rentes, ils versent aussi une partie de ces richesses à ces couches de professionnels, administrateurs et superviseurs.

Dans la vaste majorité des cas, ces individus ne contribuent rien à la production. Mais ils *aident* les familles possédantes de la classe dirigeante à maintenir et reproduire les relations, les privilèges et la domination de classe nécessaires au règne de la bourgeoisie.

Ainsi, la relation entre éducation et revenus dans la société capitaliste n'a rien à voir avec le fait que les diplômés universitaires en savent plus, encore moins avec le fait qu'ils font une contribution plus grande au bien-être ou à la créativité de l'humanité (ou même d'ailleurs, nécessairement une plus grande contribution directe à la richesse capitaliste). Il s'agit plutôt d'un petit prix que paie la classe possédante pour une classe moyenne qui l'aide à maintenir la stabilité sociale, à contenir les revendications ouvrières et à justifier les conséquences sociales polarisantes des relations de production sous le capitalisme.

« **Jusqu'à ce que la société soit réorganisée de façon à ce que l'éducation soit une activité humaine du moment de notre plus jeune âge au moment de notre mort, il n'y aura pas d'éducation digne de l'humanité travailleuse et créatrice. La solidarité sociale n'existera jamais.** »

Les libéraux par exemple ont récemment fait beaucoup de bruit à propos de chiffres montrant que l'écart des revenus annuels moyens entre diplômés de l'école secondaire et diplômés universitaires a augmenté au cours des 15 dernières années. Ceci veut-il dire que les diplômés universitaires sont devenus nettement plus intelligents au cours des 15 dernières années ou que leurs compétences sont beaucoup plus recherchées par les capitalistes ? Ceci veut-il dire que la société de haute technologie a aujourd'hui un plus grand besoin d'« analystes symboliques » que de « producteurs de routine, » ainsi que le ministre du Travail de Bill Clinton, le professeur de Harvard Robert Reich, voudrait nous le faire croire ?

Non, cet écart croissant de revenus signifie que le mouvement syndical s'est affaibli et que les salaires réels ont été réduits. Les patrons ont fait baisser le prix de notre force de travail. C'est tout ce que ça veut dire.

Il n'y a pas non plus de gâteau des revenus fixe. Quand les travailleurs arrachent des salaires plus élevés, ça veut dire des bénéfices moins élevés pour les capitalistes. Ces salaires plus élevés ne proviennent pas d'une « cagnotte des salaires » qui se réduit au détriment des autres travailleurs et de la classe moyenne inférieure. En fait, de meilleurs salaires et conditions de travail obtenus dans la lutte par le mouvement syndical placent l'ensemble de la classe ouvrière — ainsi que les petits agriculteurs et les autres alliés parmi les masses laborieuses — dans une position plus forte pour lutter pour un niveau de vie plus élevé et de meilleures conditions de vie et de travail. C'est pour cette raison que les capitalistes mènent une offensive idéologique pour convaincre la classe moyenne et des couches de travailleurs de l'idée fausse et réactionnaire que les augmentations de salaires causent tous les maux — l'inflation, le chômage, si ce n'est l'appauvrissement total.

Rien de cela n'est vrai. Marx l'a expliqué il y a de nombreuses années dans ses brochures *Travail salarié et capital* et *Salaire, prix et profit* (par la suite, les éditeurs ont changé le titre de l'édition en anglais à *Valeur, prix et profit,* mais j'utilise le titre de Marx ; il est plus précis). Sur ce point, il n'y a rien à ajouter à l'analyse de fond qu'il présente dans ces brochures, qui ont été écrites comme des armes politiques pour le mouvement ouvrier il y a plus d'une centaine d'années et qui restent tout aussi précieuses aujourd'hui.

Jusqu'à ce que la société soit réorganisée de façon à ce que l'éducation soit une activité humaine du moment de notre plus jeune âge au moment de notre mort, il n'y aura pas d'éducation digne de l'humanité travailleuse et créatrice. Il n'y aura que des prétentions à l'éducation ou à l'expertise technique d'un petit groupe de gens. C'est une vérité historique.

Ce n'est pas une question qui concerne la « jeunesse »

La société capitaliste fait la promotion du mythe que l'éducation, c'est une question qui concerne la jeunesse. Mais toute société qui voit l'éducation comme une question ne concernant que les jeunes ne pourra jamais avoir une éducation digne de ce nom pour les êtres humains, y compris pour les jeunes. La solidarité sociale n'existera jamais dans une telle société.

La classe ouvrière ne peut avoir pour point de départ comment changer les choses afin que les *jeunes* aient une meilleure éducation. Nous devons avoir pour point de départ comment transformer les valeurs de la société, pas seulement l'économie. Ça ne peut pas se réduire simplement à un problème économique. Pour être sérieuse, l'éducation doit créer les possibilités permettant à la société dans son ensemble de progresser, au lieu de renforcer l'exploitation de la majorité par une minorité. D'ici là, la seule « éducation libérale » accessible à un combattant qui en veut une, c'est une éducation politique au sein du mouvement ouvrier.

Ce qui est enseigné aujourd'hui dans la plupart des écoles est largement inutile. Il y a une poignée de savoirs qui donnent une certaine préparation à la vie — apprendre à lire, apprendre à écrire, apprendre à calculer, s'exercer à augmenter notre capacité de concentration, acquérir la discipline nécessaire pour étudier et utiliser notre esprit. Lire et étudier sont deux choses extrêmement difficiles. Il faut être discipliné pour rester assis tranquille pendant trois heures, deux heures ou même une heure — sans bouger ni se lever — et pour potasser des idées. Potasser des idées est difficile ; il a tous fallu nous l'apprendre — à chacun d'entre nous. Mais c'est un aspect de nous prendre au sérieux. C'est un aspect de prendre l'humanité au sérieux. Nous devons apprendre à lire et à étudier, en en venant à comprendre mieux comment d'autres gens vivent et travaillent, qu'ils soient plus vieux ou plus jeunes que nous.

Nous devons désapprendre la plupart des autres choses enseignées à l'école, en particulier dans ce qu'ils appellent les sciences sociales et les « disciplines » connexes. Les cours d'éducation civique, les cours d'études sociales — tout ça, c'est de l'embrouille. Il y a certaines formations techniques et certaines sciences appliquées qui peuvent être utiles, avec de la chance. Mais ce sont des formes d'apprentissage, non pas une éducation libérale au sens plein et universel du terme.

Beaucoup de jeunes se demandent pourquoi ils devraient aller à l'école pendant douze ans dans cette société. La plupart n'apprennent rien de valable après la sixième ou septième année. J'ai fréquenté des écoles publiques de quartiers ouvriers dans le sud de l'Ohio dans les années 1940 et 1950. Je n'ai jamais eu à écrire une composition ou quelque chose du genre pendant tout le temps où j'étais à l'école ; on ne m'a jamais donné de raison pour me concentrer à le faire. Mais j'ai eu quelques enseignants qui étaient des gens biens et qui m'ont encouragé à lire, qui m'ont enseigné la grammaire et l'orthographe, qui m'ont montré par leur exemple comment au moins m'asseoir en silence et travailler pendant un moment. Ils ont fait preuve d'une certaine solidarité sociale. C'est tout ce que je peux dire avoir appris en allant à l'école. Mais cet élément s'est avéré précieux. C'était un heureux hasard. Mais à cause de ce hasard, j'ai appris à lire, j'ai acquis l'habitude de lire et je l'ai acquise *pour la vie*. En même temps, j'ai détesté lire ce qu'ils m'ont forcé à avaler à l'école secondaire. J'ai détesté Shakespeare à cette époque. J'ai détesté *Macbeth* tel qu'ils nous l'enseignaient.

Dans la société capitaliste, on n'enseigne jamais à la plupart des jeunes à aspirer à quoi que ce soit une fois leur éducation obligatoire terminée. On ne leur enseigne jamais d'une manière convaincante que le système scolaire part du postulat que leur vie vaut quelque chose. (Je suis sûr que plusieurs d'entre nous peuvent se rappeler d'enseignants et de directeurs qui puaient cette attitude.) Dans notre société, les jeunes apprennent au contraire qu'ils n'ont rien à aspirer dans la vie. Ils n'ont pas besoin qu'on le leur dise expressément. Tout ce qu'ils ont à faire, c'est observer d'autres travailleurs plus âgés. Ils n'ont qu'à observer des gens comme eux qui ont plus de dix-sept ou dix-huit ans.

Entre six et dix-sept ans, la majorité des jeunes travailleurs vont à l'école six ou sept heures par jour. Ils sont censés lire des livres, travailler pour obtenir de bonnes notes, étudier des choses et rendre leurs devoirs. Puis, tout d'un coup, ils ont dix-huit ans et ils ne le font plus jamais. D'abord, ils sont censés « simplement dire non » à tout ce qui est amusant. Ensuite, ils sont censés dire *oui* à tout ce qu'un employeur exige.

Ne sous-estimez pas les aspirations morales, l'ouverture d'esprit, la solidarité humaine et la sensibilité des jeunes. Peut-être ne peuvent-ils mettre de mots sur ce qu'ils voient. Peut-être ne peuvent-ils pas le théoriser. Mais ils *savent* beaucoup sur ce qui arrive. Qu'est-ce que le genre d'éducation qu'ils reçoivent a à voir avec le genre humain ?

Discuter réellement d'éducation, ce n'est pas discuter comment réformer la septième année dans le quartier de Canarsie [à Brooklyn]. *Il n'y aura pas de réforme* de la septième année à Canarsie. Ni à Louisville. Ni n'importe où ailleurs. Je le garantis, parce que les propriétaires des moyens de production dans cette société n'ont aucun besoin, et donc aucun désir, que les travailleurs soient éduqués. Ce n'est pas vrai que la classe capitaliste a besoin de travailleurs instruits. C'est un mensonge. Elle a besoin qu'on soit obéissants, pas instruits. Elle a besoin qu'on soit obligés de travailler dur pour gagner notre vie. Pas qu'on soit critiques. Elle a besoin qu'on dépense tout ce qu'on gagne chaque semaine à acheter ses produits. Par-dessus tout, elle a besoin qu'à la longue, on perde tout désir d'élargir notre horizon et de devenir des citoyens du monde.

Ces réalités sur ce qu'on appelle l'éducation publique pour la classe ouvrière ont leur complément pour les classes supérieures aussi bien dans les écoles privées réservées que dans les écoles « publiques » élitistes. Bien avant que Charles Murray et Richard Herrnstein n'écrivent *The Bell Curve* — en fait, des siècles avant — de telles écoles inculquaient la conviction que c'est mieux pour les travailleurs d'intérioriser quand nous sommes jeunes des valeurs qui nous font accepter notre condition dans la vie et nous font « simplement dire oui » à nos « supérieurs ».

Mais la classe des employeurs n'a pas besoin qu'on soit disciplinés. L'obéissance au travail, oui. La discipline dans la vie, non. En fait, l'indiscipline dans la vie nous met davantage à sa merci. C'est ce que les employeurs veulent de la classe ouvrière. La plupart d'entre vous ici dans la salle ce soir êtes des travailleurs. Est-ce que vous avez besoin de savoir lire et écrire pour faire votre travail ? Non pas d'être intelligents, mais de savoir lire et écrire ? Réfléchissez-y. Avez-vous besoin de savoir lire et écrire pour travailler dans les chemins de fer ? Dans une usine automobile ? Est-ce que vous avez besoin de savoir lire et écrire pour être un travailleur dans une raffinerie de pétrole ? Je ne le pense pas. Tout fonctionne avec des codes de couleur ou des codes numériques. Vous n'avez pas besoin de savoir lire et écrire. Encore moins d'être *instruits*. Encore moins d'avoir de la fierté, du respect de soi et de l'initiative. Encore moins de travailler avec d'autres êtres humains pour faire des choses de manière collective et d'éprouver du plaisir à le faire. Ce genre d'éducation serait un danger pour la classe dirigeante. Pouvez-vous imaginer des gens comme *ça* — ayant quinze, seize, dix-sept ou dix-huit ans — qui s'incorporent à la population active ? Ils s'adapteraient comme des poissons dans l'eau non seulement à la solidarité syndicale, mais aussi au matérialisme historique et à son caractère révélateur et libérateur.

    Ce n'est qu'en abordant l'éducation de cette façon qu'on peut comprendre la profondeur de la crise. Il n'y a pas dans ce pays d'éducation digne de ce nom dans le système scolaire du capitalisme *et il n'y en aura pas*. Il y aura un peu de lecture, d'écriture et d'arithmétique de base. Certains seront orientés vers des spécialisations techniques et quelques-uns seront incorporés à la longue dans les rangs inférieurs des couches sociales mieux loties afin de démontrer à tous les autres travailleurs que nous ne « méritons » pas d'être récompensés.

Une mince couche de jeunes — provenant pour la plupart de milieux économiquement privilégiés, en plus d'une poignée d'individus chanceux provenant de la classe ouvrière — aura même la possibilité de trouver une voie conduisant à un travail plus créatif. Mais c'est une couche très mince, dont tout le monde voudrait faire partie.

Pensez-y sérieusement en tant que travailleurs. Combien de vos compagnons de travail ne savent pas lire et écrire de manière fonctionnelle ? Combien savaient lire et écrire lorsqu'ils ont commencé à travailler, mais ne le savaient plus après dix ou vingt ans de travail parce qu'ils n'avaient plus aucune raison de lire ? Mon père — un travailleur toute sa vie et un homme capable — est devenu un *analphabète fonctionnel* en vieillissant. Est-ce que la vie que les travailleurs vivent — la vie de ceux qui créent toute la richesse, dont le travail et l'imagination rendent tout possible et sans qui le monde s'arrêterait tout simplement de tourner demain — est-ce que leur vie et leur travail les encouragent à en apprendre davantage chaque année ? Est-ce que le temps de loisir pour lequel les travailleurs ont lutté et qu'ils ont gagné en tant que classe dans la société capitaliste est organisé pour les encourager à apprendre ?

Qu'est-ce que les travailleurs ont besoin de savoir pour exécuter leur travail ? Ça n'a aucune importance, n'est-ce pas ? Mais dans une société digne de ce nom, ça *aurait* de l'importance. L'éducation serait *continue*. Il y aurait une relation continue entre le travail et l'éducation, entre le travail et la créativité, entre le travail et les oeuvres d'art.

Le travail ne serait pas organisé sur la base de la concurrence pour vendre huit heures par jour au plus offrant la force de travail de nos muscles et de nos cerveaux. Et la plus grande récompense du travail serait une plus grande solidarité humaine, le plaisir et la joie résultant de ce que nous aurions accompli ensemble.

C'est pour cette raison que la classe ouvrière a un si grand intérêt à se débarrasser de la notion que l'éducation est une question concernant les enfants et non pas une question *sociale*. La première notion constitue une manière petite-bourgeoise et sentimentale de masquer la vraie crise de l'éducation. Il n'y aura pas d'éducation véritable, y compris et avant tout pour les enfants, dans une société où les travailleurs et agriculteurs qui se font supposément instruire savent que le jour arrivera où leur éducation va simplement se terminer. Dans ces conditions, la plupart des jeunes suivent la routine jusqu'à ce que ce jour arrive, que ce soit à seize, dix-sept, dix-huit ou vingt-et-un ans — avec ou sans un diplôme d'éducation secondaire. Et puis leur « éducation » prend fin.

Le travail doit devenir une activité où peut se réaliser le désir d'un être humain de continuellement élargir ses horizons — le désir de nous *éduquer* nous-mêmes. Les professeurs d'université et les membres de certaines autres professions libérales ont quelque chose qui s'appelle un « congé sabbatique. » C'est une très bonne coutume, même si elle n'est souvent pas bien utilisée (c'est une autre histoire qui ne nous intéresse pas). Tous les sept ans, ils prennent un congé — parfois la moitié d'une année avec plein salaire, parfois une année complète avec la moitié du salaire. Ils vont quelque part et étudient quelque chose de nouveau. Ils élargissent leurs expériences, améliorent leurs connaissances, rencontrent des gens dans d'autres pays. C'est l'idée. Allez en Italie, allez au Japon, allez au Mexique. Allez en Asie, allez au Nigeria, allez en Afrique du Sud. C'est un concept merveilleux. Les travailleurs devraient avoir la même opportunité. Chaque travailleur devrait avoir un congé sabbatique tous les trois ans : un congé payé de six mois pour aller dans un autre pays ou dans une autre partie de ce pays, pour étudier quelque chose, pour faire des progrès dans une autre langue, pour enrichir notre solidarité. Ceci peut être la perspective de toute une vie.

Le travail devrait être ce que Che Guevara a dit et écrit à ce sujet pendant les premières années de la révolution cubaine — et ce que Fidel Castro et Che ont aidé à *mobiliser* et à *diriger* en tant qu'organisateurs révolutionnaires du gouvernement ouvrier et du parti communiste. Les usines et les autres lieux de travail devraient être organisés de façon à promouvoir une requalification constante et une éducation continue. Afin d'y parvenir, « le travail doit changer de nature » a écrit Che en 1965 dans *Le socialisme et l'homme à Cuba*.

Sur ce chemin, a dit Che, un travailleur « commence à se reconnaître dans son oeuvre et à comprendre sa grandeur humaine au travers de l'objet créé et du travail réalisé. Ce dernier ne suppose plus l'abandon d'une partie de son être sous forme de force de travail vendue qui ne lui appartient plus. [...]

« Nous faisons tout ce qui est possible, a-t-il écrit, pour donner au travail cette nouvelle dimension de devoir social et pour le lier, d'une part, au développement de la technique d'où viendront les conditions d'une plus grande liberté et, d'autre part, au travail volontaire. Nous nous appuyons sur l'appréciation marxiste qui veut que l'homme atteint réellement sa pleine condition humaine lorsqu'il produit sans la contrainte de la nécessité physique de se vendre comme marchandise [3]. » Quand ce jour viendra, il y aura alors quelque chose qu'on peut véritablement appeler éducation. Quand ce jour viendra, il y aura des liens entre les très jeunes, les adolescents, les adultes et les personnes âgées — et ce seront des liens *humains*, des liens *pratiques*, des liens *révolutionnaires*.

Pas de meilleure raison pour une révolution socialiste

Sous le capitalisme aux États-Unis aujourd'hui, le seul avenir dont on peut être certain, c'est que l'éducation va se détériorer. Un avenir où l'éducation va accélérer la différenciation sociale plutôt que de la freiner. La seule « éducation » disponible visera à étouffer la curiosité et la créativité de la grande majorité des jeunes et à encourager chez eux la fuite de la réalité. La seule « éducation » disponible sera de l'embrigadement. La seule « éducation » disponible préparera à justifier la polarisation de classe — ou à éprouver du ressentiment à son endroit.

Je ne dis pas que tous les gens impliqués dans l'enseignement ont l'intention que ceci se produise. Il y a des êtres humains dans cette société qui ne sont pas communistes et qui ne sont pas ouvriers, mais qui voudraient sincèrement, à leur manière, voir les enfants et les autres gens recevoir une meilleure éducation et devenir plus confiants. Comme beaucoup d'entre vous, j'ai eu quelques enseignants comme ça. Mais de tels individus ne sont pas la norme et ils ne

---

3. Ernesto Che Guevara, *Le socialisme et l'homme à Cuba*, New York, Pathfinder, 1989, 2009, p. 19 [tirage de 2016].

peuvent pas et ne vont pas changer le caractère de l'éducation dans la société bourgeoise.

Au contraire, vous en êtes plutôt réduits sous le capitalisme à espérer que les choses seront différentes pour *votre* enfant. *Votre* enfant *trouvera le moyen* d'obtenir une bonne éducation, *trouvera le moyen* d'aller à l'université, *trouvera le moyen* de ne pas voir étouffer son désir d'apprendre. *Votre* enfant *trouvera le moyen* de rivaliser avec tous les autres et d'avoir une vie meilleure.

N'est-ce pas ce que font les présidents des États-Unis ? Bill Clinton en était un bon exemple. Il a fait campagne pendant neuf mois sur l'importance de l'éducation publique. Et toute la classe ouvrière savait ce que les Clinton allaient faire quand ce serait le moment de choisir une école pour leur fille Chelsea. Ils l'ont envoyée dans une école privée huppée et chère de Washington. [Les Obama ont fait la même chose.]

Les travailleurs ayant une conscience de classe n'ont aucune jalousie envers les Clinton à cause de ces décisions. Ce n'est pas un trait révolutionnaire ou prolétarien d'être jaloux des classes possédantes et de leurs porte-parole. Les anarchistes et les fascistes l'encouragent, pas les communistes. Mais en regardant la famille du président choisir une école pour sa fille, les travailleurs conscients reconnaissent qu'il s'agit d'une nouvelle confirmation de deux aspects fondamentaux des relations de classe sous le capitalisme. La première, c'est qu'il n'y a pas de rapport entre les valeurs et les politiques publiques professées avec des airs de petits saints par les couches dirigeantes et la vie que vivent ces gens-là et leurs familles. La deuxième, c'est qu'il n'y a pas d'« éducation » au-dessus des classes dans la société capitaliste. Les écoles pour la classe ouvrière et les écoles pour la classe dirigeante sont des institutions qualitativement différentes.

S'ils n'abordent pas l'éducation de cette façon, les révolutionnaires ne seront jamais convaincants. Nous n'irons nulle part si nous commençons là où commencent les réformistes et les libéraux partout dans le monde capitaliste — avec *mes* enfants, *mon* quartier, *mes* écoles et *mes* problèmes. Et quand les réformateurs commencent à parler de défendre *tous* les enfants, surveillez votre portefeuille et votre montre ! Ils sont comme les soi-disant défenseurs du droit à la vie (*right-to-lifers*) qui défendent les enfants dans l'abstrait avant leur naissance, mais s'opposent à tout ce qui peut favoriser une véritable vie humaine pour la plupart des enfants entre le moment de leur naissance et le jour de leur mort.

Il *n'y a pas d'éducation universelle* sous le capitalisme. Il n'existe pas d'éducation « pour tous. » Il y a seulement une « éducation » pour la classe ouvrière et une toute autre sorte d'« éducation » pour la petite minorité possédante.

Si nous n'expliquons pas que l'éducation sous le capitalisme est une question de classe — c'est-à-dire, du point de vue de la bourgeoisie, deux questions complètement distinctes et sans rapport entre elles pour deux classes différentes. Si nous ne présentons pas les années d'école de la classe ouvrière comme la destruction sociale de la solidarité humaine, comme l'organisation d'une société basée sur la différenciation de classe, où les êtres humains à l'approche de la vingtaine deviennent des unités de production dans l'esprit des directeurs de personnel et des planificateurs sociaux. Si nous ne faisons pas ressortir l'enjeu fondamental d'un apprentissage vraiment universel et pour toute la vie — si nous ne pouvons expliquer l'éducation de cette façon, nous ne pouvons pas l'expliquer du tout.

« Apprendre comme l'expérience de toute une vie : quelle meilleure raison pour faire une révolution socialiste ? […] L'expliquer fait partie de la préparation de la classe ouvrière à la bataille pour nous débarrasser de l'image de nous-mêmes que les dirigeants nous enseignent et pour comprendre que nous sommes capables de prendre le pouvoir et de réorganiser la société. »

DAN FEIN/THE MILITANT

JANICE LYNN/THE MILITANT

En haut. Alyson Kennedy (à gauche), candidate du Parti socialiste des travailleurs aux élections présidentielles de 2016 aux États-Unis, fait campagne à Elmhurst en Illinois.

En bas. Smyrna, Géorgie, mars 2016. Sam Manuel, candidat du Parti socialiste des travailleurs au Sénat, se joint à des manifestants contre la brutalité policière.

Mais lorsqu'elle est comprise et expliquée correctement, il n'y a pas de question plus importante pour les communistes. Apprendre comme l'expérience de toute une vie — je ne peux trouver de meilleure raison pour faire une révolution socialiste. Quelle meilleure raison pour se débarrasser de l'État capitaliste et utiliser l'État des travailleurs pour commencer à transformer l'humanité, pour commencer à forger la solidarité humaine ? Et nous avons l'exemple vivant de la révolution cubaine pour montrer comment il est possible de nous engager dans cette voie.

C'est cette approche de l'éducation que nous devons expliquer aux étudiants, aux jeunes et aux autres. S'ils sont allés à l'école pour se faire donner un élan dans la vie, ils l'ont fait à la suite d'un malentendu — à moins de provenir d'une classe qui leur donne déjà un élan et d'avoir fréquenté un établissement qui leur enseigne qu'ils le méritent. Mais les jeunes peuvent être convaincus de cette perspective ouvrière, en particulier lorsqu'ils commencent à s'impliquer dans quelques petites escarmouches politiques et si la société ne les a pas encore totalement endurcis. Les jeunes veulent joindre le geste à la parole. Ils ont toujours de la vitalité, on ne leur a pas encore détruite. Ils peuvent être attirés politiquement par la classe ouvrière et la politique communiste, mais seulement si nous en débattons ainsi avec eux.

Comme je l'ai dit, les mouvements de droite essaient toujours de jouer sur les déceptions et le ressentiment des jeunes des classes moyennes inférieures ou des couches un peu plus privilégiées de la classe ouvrière. C'est une des façons de se construire pour les mouvements fascistes. « Vous avez tellement travaillé pour votre éducation, disent-ils. Bientôt, vous allez élever vos enfants. Et maintenant *vous* devrez payer plus d'impôts pour *leurs* enfants et *leurs* personnes âgées. » Et la liste des « leurs » ne cesse de s'allonger.

Expliquer l'approche communiste de l'apprentissage fait partie de la préparation de la classe ouvrière à la plus grande de toutes les batailles dans les années qui viennent : la bataille pour nous débarrasser de l'image de nous-mêmes que les dirigeants nous enseignent et pour comprendre que nous sommes capables de prendre le pouvoir et d'organiser la société, alors que nous nous éduquons collectivement et que nous donnons une leçon aux exploiteurs en le faisant.

INDEX

« Accord nucléaire » avec l'Iran, 65
Action affirmative
  concédée suite aux rébellions des années 1960, 73
  et faculté de Droit de l'Université du Michigan, 75
  nécessaire pour unifier la classe ouvrière, 73-78
  pervertie avec le déclin de la lutte de classe, 72-78
  Voir aussi Quotas dans l'embauche, la promotion et l'admission
Afghanistan, 13
Agence de l'information et des affaires réglementaires, 17
Age of Turbulence: Adventures in a New World (Greenspan), 88-89
Aide aux familles avec enfants à charge, 39, 81-83
Aide sociale, coupures draconiennes, 39-41, 81-83
Aide temporaire aux familles dans le besoin [Temporary Assistance for Needy Families (TANF)], 83
Allemagne, nazisme en, 43
Anarchistes, 43-44
  et jalousie des classes possédantes, 112
Antisémitisme, 34

Apprentissage, 101-102, 106-107
Attaques de drones, 64
Autodétermination, Lénine, 79
Avortement, droit à l', 19

Barnes, Jack, 7-8, 11
Bell Curve: Intelligence and Class Structure in American Life, The (Herrnstein et Murray), 23-46, 69-70, 106
  et « élite cognitive », 24-25, 29, 32, 34, 72
  « riches parce qu'ils sont intelligents ? », 15-16
Ben Laden, Oussama, 64
Bishop, Maurice, 46
Buchanan, Patrick, 32, 44
Buckley, William, 28
Bureaucratisation du monde, La (Rizzi), 27
Burnham, James, 27-28
Bush, George H. W., 12, 31
Bush, George W., 13

Campagnes électorales, États-Unis, 9-11 (2016), 53-56, 70-71, 112 (2008 et 2012)
Cannon, James P., 45
Capital, Le (Karl Marx), 98
Capitalisme, 28-31
  déclin des conditions des travailleurs depuis les années

1960, 11-12, 83-84
son désordre depuis 1974-1975, 11-15
discrimination raciale et, 75-78
incapacité de résoudre la crise du, 41
« reprise économique » (2009), 12-13
Castro, Fidel, 45, 110
Caucus noir du Congrès
et Barack Obama, 55
et Hillary Clinton, 50-51
et William Clinton, 49-51, 55
Chômage, 12-13, 83-86
Classe capitaliste
sa peur de la résistance ouvrière, 10-12, 32-33, 41-43
Classe moyenne, 100-101
et droite, 32
et fascisme, 32, 115-116
Classe ouvrière, US, 107-109
attaques capitalistes contre, 39-43, 102
la classe dirigeante en a peur, 33-35
confiance en soi grandissante, 18-19
et crise de la dette, 83-89
déclin de ses conditions de vie depuis les années 1960, 83-86
enchaînée à la dette, 83-88
il n'existe pas de « classe ouvrière blanche », 14
Clinton, Bill, 13, 31, 63, 112
sur l'aide sociale, 39
et le Caucus noir du Congrès, 49-50, 55
élimination de « l'aide sociale telle que nous la connaissons », 81-83
élimination des quotas d'action affirmative, 75

Clinton, Hillary, 11, 50-51, 58, 64, 84, 112
Congés sabbatiques aussi pour la classe ouvrière, 109-110
Cour suprême US, et action affirmative, 74-76
Crise de la dette
et nations opprimées, 86-87
et travailleurs aux États-Unis, 85 (graphique), 86-88
Crise économique de 2007-2008, 52, 57, 88
Culture, travail et, 46

Dictature du capital, 62
Dobbs, Farrell, 45

Éducation, 97-116
comme « gage » de salaires plus élevés, 100
Ellis, Havelock, 43
En défense du marxisme (Trotsky), 28
Engels, Friedrich, 45
sur les idées de la classe dominante en tant qu'« idées dominantes », 63
sur la propriété d'une maison, 89
sur les salaires, 99
État régulateur, 16-18, 58, 72
Eugénisme, 43

Fascisme
et classe moyenne, 32, 115-116
et jalousie des classes possédantes, 112
Financial Times (Londres), 34-35
Forces de droite
et classe moyenne, 32
et politique du ressentiment, 112, 115

Greenspan, Alan, 88-89
Guerre du Golfe (1991), 13
Guerres, *Voir* Impérialisme US
Guevara, Ernesto Che
  sur la transformation des êtres humains, 45-46
  sur le travail, 110-111

Haine des Juifs, 33-34
Harsanyi, David (*Washington Post*), 16
Herrnstein, Richard J., 23-24, 30, 39, 69, 106
  Voir aussi Bell Curve, The

Immigrants, et lutte contre les déportations, 18
Impérialisme US
  ses guerres incessantes, 13-14
  morts et blessés causés par, 13-14
  sa négligence scandaleuse des vétérans, 14
Internationalisme prolétarien, 79
Irak, 13

Jeunesse, 97-98, 103-116

Kessler, Andy (*Wall Street Journal*), 16
Keynes, John Maynard, 43
Knight, Bobby, 14-15
Krach boursier (1987), 12
Kropotkine, Pierre, 44

Lane, Charles (*Washington Post*), 10
Lénine, V. I., 45
  sur la lutte contre l'oppression nationale, 79
Libye, 13, 64

Losing Ground: American Social Policy 1950-1980 (Murray), 39-41

Malcolm X, 20, 45
Managerial Revolution, The (Burnham), 28
Manifeste communiste, Le (Marx et Engels), 45
Marx, Karl
  et « l'accumulation primitive du capital », 45
  sur les idées de la classe dominante en tant qu'« idées dominantes », 63
  sur les salaires et la force de travail, 98-99, 102
Medicare, Medicaid, 90
Meeks, Gregory, 50-51
« Méritocratie », 15-17
  et « athéisme », 66
  attitude envers les travailleurs, 66-69
  aucune politique de classe qui lui soit propre, 62
  la bureaucratie syndicale n'en fait pas partie, 59
  centrée dans les fondations et les universités, 55, 59
  et « classe inférieure », 30-31
  en tant que couche parasitaire, 59-60, 100
  déconnectée de la production et de l'échange capitalistes, 55, 59-60
  à l'esprit bourgeois, mais ne faisant pas partie de la classe capitaliste, 57
  son hypocrisie sociale, 63
  n'est pas liée à la couleur de peau, 73
Obama en émerge, 62-69
  et « patriotisme », 64
  « riches parce qu'ils sont

intelligents ? », 15-16
se compte par millions, 29-30, 60
s'identifie à ses pairs privilégiés dans le monde, 65-66
voit ses hauts revenus comme une récompense pour son « intelligence » et ses « services », 58
Voir aussi Bell Curve, The
Morts dans les guerres US, 13-14
Mouvement pour le droit à la vie, 113
Moynihan, Daniel Patrick, 82
Murray, Charles, 23-24, 30, 39-41, 69, 106
Voir aussi Bell Curve, The

NAACP, 80
Naissances hors du mariage, 30
National Review, 10, 28
New York Times, 33-34
Noirs aux États-Unis
  attitude de la méritocratie envers eux, 78-81
  classe moyenne parmi, 49-53
  conditions économiques et sociales, 51, 83-84
  en tant qu'élus, 52
  leur revenu médian, 51
  victoires dans leurs luttes, 49, 73-76, 94
Novack, George, 45
Nudge: Improving Decisions about Health, Wealth, and Happiness (Sunstein), 17

Obama, Barack
  son attitude envers les travailleurs, 10, 71-72, 78-81
  et Caucus noir du Congrès, 55
  comme « citoyen du monde », 63-64
  commandant en chef de l'impérialisme US, 13, 64
  discours au Caire (2009), 65
  sur Donald Trump, 9-10
  et écoles privées, 70
  et économie US qui « va drôlement bien aujourd'hui », 84
  sur l'élimination de l'aide sociale sous Clinton, 81-82
  s'identifie à la « méritocratie », 62-66
  et « pivot du Pacifique », 65
  et « relance » avec la Russie, 65
  soutien des banlieues pour, 56-57
  soutien électoral des Africains américains, 54
Obama, Michelle, 64

Pakistan, 13
Parti communiste USA dans les années 1930, 35
Parti démocrate
  en crise, 11
  et dixiecrates, 53
  ses employés qui sont noirs, 50-52
Parti ouvrier américain (American Workers Party), 27
Parti républicain, en crise, 11
Parti socialiste des travailleurs (SWP), 19, 27
Plus-value, 100
Police
  brutalité et assassinats, 18
  son rôle social, 41
Pouvoir de la branche exécutive aux États-Unis
  décrets exécutifs en augmentation, un danger pour la classe ouvrière, 16-17
Prisons, US, 18

Productivité et salaires, 37 (graphique)
Propriété immobilière et dette, 85 (graphique), 88
son effet conservateur, 88-89

QI, progression de leurs niveaux dans le monde, 36-39
Quotas dans l'embauche, la promotion et l'admission
décisions judiciaires contre eux, 74-75
essentiels pour construire l'unité ouvrière, 73-74

Race, en tant que produit d'une société divisée en classes, 44-45
Racisme
pas en augmentation parmi les travailleurs, 14
ses racines capitalistes, 76-78
en recul grâce aux luttes des Noirs, 14
Reagan, Ronald, 39
Rébellions urbaines, dans les années 1960, 73
Reed, Evelyn, 45
Reich, Robert, 32, 102
Ressentiment, politique du, 112, 115
Revenu supplémentaire de sécurité (SSI), 90
Révolution cubaine, 7, 20, 65, 110, 115
« Riches parce qu'ils sont intelligents ? », 15-16
Rizzi, Bruno, 27
Roosevelt, Franklin D., 33, 35
Rosenfeld, David, 23
Rosenthal, A. M., 33-35

Russell, Bertrand, 44
Russie, « relance » avec, 65

Salaire, prix et profit (Karl Marx), 102
Salaires, 102
Sanders, Bernie
écho parmi les travailleurs, 14
et « Occupy Wall Street » en habit électoral, 11
Sanger, Margaret, 43
Sankara, Thomas, 46
« Sécurité nationale », et surveillance policière accrue, 18
Sécurité sociale, 90-92
Shakespeare, William, 105
Shaw, George Bernard, 44
Social-démocratie, 35, 43
Socialisme
et transformation des êtres humains, 45-46
transition vers, 9, 20, 46, 115-116
Socialisme et l'homme à Cuba, Le (Guevara), 46, 100
Sunstein, Cass, 17
Syndicats
appareil, 35, 53, 59
et collaboration de classe, 35-36
Syrie, 13

Taux d'intérêt, 13
Travail, conception communiste du, 107-111
Travail salarié et Capital (Karl Marx), 102
Trotsky, Léon, 28, 40
Trump, Donald, 9-11, 14, 72, 74

Vétérans, traitement scandaleux aux USA, 14

Wall Street Journal, 16
Warren, Rév. Rick, 81
Washington Post, 10, 16
Webb, Beatrice et Sidney, 43
Weber, affaire, 73-76
Weber Case: New Threat to Affirmative Action (Rose), 76

Wells, H. G., 44
Williamson, Kevin (*National Review*), 10
Work of Nations, The (Robert Reich), 32

Yémen, 13
Yougoslavie, 13

Aussi de Jack Barnes

**Malcolm X,
la libération des Noirs et
la voie vers le pouvoir ouvrier**
« Ne commencez pas avec les Noirs
en tant que nationalité opprimée.
Commencez avec la place et le poids
d'avant-garde des travailleurs qui sont
noirs dans les grandes luttes politiques
et sociales dirigées par le prolétariat
aux États-Unis. De la guerre civile à
aujourd'hui, le bilan est ahurissant.
C'est la force et la résistance qui vous
sidèrent, pas l'oppression. » *Jack Barnes*.
20 $ US. Aussi en anglais, espagnol,
arabe, farsi et grec.

À lire en complément
**Le visage changeant
de la politique aux États-Unis**
La politique ouvrière et les syndicats
24 $ US. Aussi en anglais, espagnol, farsi et grec.

Le désordre mondial du capitalisme
La politique ouvrière au millénaire
La dévastation sociale et les paniques financières,
le durcissement de la politique, la brutalité
policière et les agressions impérialistes — aucune
de ces réalités n'est le produit de quelque chose
qui s'est détraqué dans le capitalisme, mais bien
des lois qui régissent son fonctionnement. Ce qui
peut changer l'avenir, c'est la lutte unitaire des
travailleurs et des agriculteurs conscients de leur
capacité de mener des batailles révolutionnaires
pour le pouvoir d'État et de transformer le monde.
25 $ US. Aussi en anglais et en espagnol.

La classe ouvrière et la transformation de l'éducation
L'imposture de la réforme de l'école sous le capitalisme
« Jusqu'à ce que la société soit réorganisée de façon à ce que l'éducation
soit une activité humaine de notre prime jeunesse à notre mort, il n'y
aura pas d'éducation digne de l'humanité travailleuse et créatrice. »
3 $ US. Aussi en anglais, espagnol, farsi et grec.

WWW.PATHFINDERPRESS.COM

Une révolution socialiste est-elle possible aux États-Unis ?

Le socialisme en procès
Déposition au procès pour sédition de Minneapolis
James P. Cannon
Le programme révolutionnaire de la classe ouvrière, tel que présenté en 1941 lors du procès pour « complot séditieux » de dirigeants du mouvement syndical de Minneapolis et du Parti socialiste des travailleurs. Ce livre comprend la réponse de l'auteur aux critiques gauchistes adressées aux accusés. 16 $ US. Aussi en anglais, espagnol et farsi.

50 années d'opérations secrètes aux USA
La police politique de Washington et la classe ouvrière américaine
Larry Seigle, Farrell Dobbs, Steve Clark
Retrace la lutte menée pendant plusieurs décennies par les travailleurs ayant une conscience de classe contre les efforts d'accroître les pouvoirs présidentiels et de construire un État de « sécurité nationale » essentiel au maintien du régime capitaliste. 12 $ US. En anglais, espagnol et farsi.

« Ce sont les pauvres qui sont confrontés à la sauvagerie du système de « justice » US »
Les Cinq Cubains parlent de leur vie au sein de la classe ouvrière aux États-Unis
Cinq révolutionnaires cubains, victimes d'un coup monté du gouvernement des États-Unis en 1998, ont passé jusqu'à 16 ans comme membres de la classe ouvrière aux États-Unis qui se trouvent derrière les barreaux. Dans cet entretien ils parlent de la société capitaliste aux États-Unis et son système de « justice. » Et de l'avenir de la révolution cubaine. 15 $ US. En anglais, espagnol et farsi.

Une révolution socialiste est-elle possible aux États-Unis ?
Un débat nécessaire
Mary-Alice Waters

L'auteure explique pourquoi les travailleurs mèneront inévitablement des luttes révolutionnaires qui nous seront imposées par les attaques des classes possédantes. Alors que la solidarité s'accroît parmi les travailleurs, on peut déjà voir les batailles de classe. 7 $ US. Aussi en anglais, espagnol et farsi.

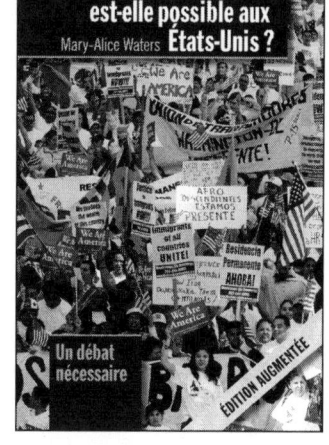

L'histoire du trotskysme américain, 1928-1938
Le rapport d'un participant
James P. Cannon

« Le trotskysme n'est pas un nouveau mouvement, une nouvelle doctrine, mais la restauration, la renaissance du marxisme véritable tel qu'il a été exposé et appliqué au cours de la révolution russe et des premiers jours de l'Internationale communiste. » Douze présentations faites en 1942 sur la construction d'un parti prolétarien aux États-Unis. 22 $ US. Aussi en anglais et espagnol.

Le long hiver chaud du capitalisme a commencé
Jack Barnes

La crise capitaliste mondiale d'aujourd'hui est le début de ce qui sera des décennies de convulsions économiques, financières et sociales et de batailles de classe. Les travailleurs ayant un esprit de lutte de classe font face à ce point tournant historique de l'impérialisme en prenant plaisir à projeter avec audace un cours révolutionnaire pour prendre le pouvoir politique. Dans *Nouvelle Internationale* no 7. 16 $ US. Aussi en anglais, espagnol, arabe, farsi et grec.

Politique Teamster
Farrell Dobbs

Un dirigeant central de ces luttes raconte comment la section locale 544 des Teamsters a combattu les coups montés du FBI et du gouvernement dans les années 1930 ; syndiqué les chômeurs ; mobilisé une opposition syndicale à l'entrée de l'impérialisme US dans la deuxième guerre mondiale ; et lutté pour orienter les syndicats et leurs alliés vers un cours politique ouvrier indépendant. 19 $ US. En anglais et en espagnol.

WWW.PATHFINDERPRESS.COM

Les *dirigeants révolutionnaires*...

Le Manifeste communiste
Karl Marx et Friedrich Engels
Le document fondateur du mouvement prolétarien moderne, publié en 1848. Il explique pourquoi le communisme ne découle pas de principes préconçus, mais de la ligne de marche de la classe ouvrière vers le pouvoir — issue « d'une lutte de classe existante, d'un mouvement historique qui s'opère sous nos yeux. » 5 $ US. Aussi en anglais, espagnol, arabe et farsi.

Le dernier combat de Lénine
Écrits et discours, 1922-1923
V. I. Lénine

En 1922 et 1923, V. I. Lénine, le dirigeant central de la première révolution socialiste dans le monde, a livré ce qui allait être son dernier combat politique. Ce qui était en jeu, c'était maintenir le cours prolétarien de la révolution, et du mouvement international qu'elle dirigeait, qui avait porté les travailleurs et les paysans au pouvoir en octobre 1917 en Russie. 20 $ US. En anglais, espagnol et grec.

La révolution trahie
Qu'est-ce que l'Union soviétique et où va-t-elle ?
Léon Trotsky

En 1917, la classe ouvrière et les paysans de Russie sont la force motrice d'une des plus profondes révolutions de l'histoire. Mais en dix ans se consolide une contre-révolution menée par une couche sociale privilégiée et dont le principal porte-parole est Joseph Staline. L'étude classique de l'État ouvrier soviétique et de la dégénérescence de la révolution. 20 $ US. En anglais, espagnol, farsi et grec.

dans leurs propres mots

Le socialisme et l'homme à Cuba
Ernesto Che Guevara, Fidel Castro

« L'homme atteint réellement sa pleine condition humaine lorsqu'il produit sans la contrainte de la nécessité physique de se vendre comme marchandise. » 7 $ US. Aussi en anglais, espagnol, farsi et grec.

Malcolm X parle aux jeunes

« La jeune génération de blancs, de Noirs, de bruns, de n'importe quelle couleur — vous vivez une époque de révolution, » affirme Malcolm X à des jeunes du Royaume-Uni en décembre 1964. « Quant à moi, je me joindrai à n'importe qui, je me fiche de votre couleur, du moment que vous voulez changer la condition misérable qui existe sur cette terre. » Quatre discours et une entrevue donnés dans les derniers mois de sa vie. 15 $ US. Aussi en anglais, espagnol, farsi et grec.

Cuba et l'Angola
Lutter pour la libération de l'Afrique et pour la nôtre

En mars 1988 en Angola, des combattants cubains, angolais et namibiens ont infligé une défaite écrasante à l'armée du régime d'apartheid d'Afrique du Sud. Dans ce livre, des dirigeants et des participants racontent l'histoire de la mission internationaliste de 16 ans de Cuba en Angola, un effort qui a aussi renforcé la révolution cubaine. 12 $ US. En anglais et en espagnol.

La vision à long terme de l'histoire
George Novack

Le changement révolutionnaire est fondamental pour le progrès social et culturel. Cette brochure explique pourquoi et comment la lutte des travailleurs pour mettre fin à l'oppression et à l'exploitation est une perspective réaliste. 7 $ US. En anglais et en farsi.

WWW.PATHFINDERPRESS.COM

Nous sommes les héritiers des révolutions du monde
Discours de la révolution au Burkina Faso, 1983-1987
Thomas Sankara

Les paysans et les travailleurs de ce pays d'Afrique de l'Ouest ont établi un gouvernement révolutionnaire populaire et commencé à lutter contre la faim, l'analphabétisme et l'arriération économique imposés par la domination impérialiste, et contre l'oppression des femmes héritée de millénaires de société de classe. Cinq discours du dirigeant central de cette révolution. 10 $ US. Aussi en anglais, espagnol et farsi.

Problèmes de la libération des femmes
Evelyn Reed

Explore les racines sociales et économiques de l'oppression des femmes de la société préhistorique au capitalisme moderne et montre la voie vers leur émancipation. 15 $ US. En anglais, farsi et grec.

Le deuxième assassinat de Maurice Bishop
Steve Clark

Cet article décrit les réalisations de la révolution qui a eu lieu de 1979 à 1983 dans l'île antillaise de la Grenade. Il explique les racines du coup d'État de 1983 qui a conduit à l'assassinat du dirigeant révolutionnaire Maurice Bishop et à la destruction du gouvernement des travailleurs et des agriculteurs par une faction politique stalinienne à l'intérieur du New Jewel Movement, le parti au pouvoir. Dans *Nouvelle Internationale* no 3. 16 $ US. Aussi en anglais et espagnol.

Porto Rico l'indépendance est une nécessité
Rafael Cancel Miranda

L'un des cinq nationalistes portoricains emprisonnés par Washington pendant plus de 25 ans parle de la réalité brutale de la domination coloniale américaine, la campagne pour libérer les prisonniers politiques portoricains, l'exemple de la révolution socialiste de Cuba et la lutte continue pour l'indépendance. 6 $ US. En anglais, espagnol et farsi.

La révolution socialiste cubaine

Les femmes à Cuba
Une révolution au sein de la révolution
Vilma Espín, Asela De Los Santos, Yolanda Ferrer

L'intégration des femmes dans les rangs et la direction de la révolution cubaine n'était pas une aberration. Elle était inextricablement liée au cours prolétarien de la révolution depuis le début. Voici l'histoire de comment cette révolution a transformé les hommes et les femmes qui l'ont accomplie. 20 $ US. En anglais, espagnol et grec.

Les Première et Deuxième Déclarations de La Havane
Manifestes de la lutte révolutionnaire dans les Amériques adoptés par le peuple de Cuba

Nulle part, les questions de stratégie révolutionnaire auxquelles font face les hommes et les femmes qui sont aujourd'hui sur le front de la lutte dans les Amériques ne sont abordées avec plus de véracité et de clarté que dans ces mises en accusation sans compromis du pillage impérialiste et de « l'exploitation de l'homme par l'homme. » Deux documents adoptés par des assemblées réunissant des millions de Cubains en 1960 et 1962. 10 $ US. Aussi en anglais, espagnol, arabe, farsi et grec.

Cuba et la révolution américaine à venir
Jack Barnes

Un livre sur les luttes des travailleurs dans le coeur impérialiste, sur les jeunes que celles-ci attirent et sur l'exemple donné par le peuple cubain que la révolution est non seulement nécessaire, mais qu'on peut la faire. Ce livre porte sur la lutte de classe aux États-Unis, où les capacités politiques et le potentiel révolutionnaire des travailleurs et des agriculteurs sont aujourd'hui aussi totalement ignorés par les puissances dirigeantes que celles des travailleurs et paysans cubains. Et tout aussi à tort. 10 $ US. Aussi en anglais, espagnol et farsi.

Quel chemin, nous les esclaves, avons-nous parcouru !
L'Afrique du Sud et Cuba dans le monde d'aujourd'hui
Nelson Mandela, Fidel Castro

Sur la même tribune à Cuba en 1991, Mandela et Castro discutent de l'importance pour l'Afrique de la victoire de Cuba et de l'Angola en 1988 contre l'invasion de l'armée d'Afrique du Sud appuyée par les États-Unis et l'accélération de la lutte pour renverser le système raciste d'apartheid qui en a résulté. 10 $ US. En anglais, espagnol et farsi.

WWW.PATHFINDERPRESS.COM

PATHFINDER DANS LE MONDE

Pour obtenir une liste complète de nos titres ou en commander, visitez

www.pathfinderpress.com

LES DISTRIBUTEURS DES ÉDITIONS PATHFINDER

ÉTATS-UNIS
(et Amérique latine, Antilles et Asie de l'Est)
>Pathfinder Books, 227 W. 29th St., 6ᵉ étage
>New York, NY 10001

CANADA
>Livres Pathfinder, 7107, rue St-Denis, suite 204
>Montréal, QC, H2S 2S5

ROYAUME-UNI
(et Europe, Afrique, Moyen-Orient et Asie du Sud)
>Pathfinder Books, 2ᵉ étage, 83 Kingsland High Street
>Dalston, Londres, E8 2PB

AUSTRALIE
(et Asie du Sud-Est et Pacifique)
>Pathfinder, niveau 1, 3/281-287 Beamish St., Campsie, NSW 2194
>Adresse postale : P.O. Box 164, Campsie, NSW 2194

NOUVELLE-ZÉLANDE
>Pathfinder, 188a Onehunga Mall, Onehunga, Auckland 1061
>Adresse postale : P.O. Box 3025, Auckland 1140

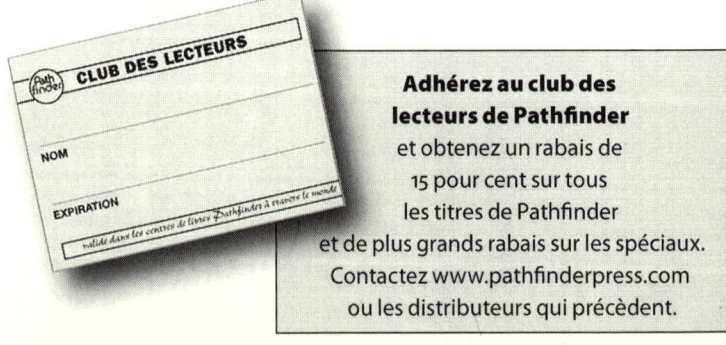

Adhérez au club des lecteurs de Pathfinder et obtenez un rabais de 15 pour cent sur tous les titres de Pathfinder et de plus grands rabais sur les spéciaux. Contactez www.pathfinderpress.com ou les distributeurs qui précèdent.